Q

798

POUILLÉ

DES MANUSCRITS,

COMPOSANT

LA COLLECTION DE DOM GRENIER,

SUR LA PICARDIE,

à la Bibliothèque du Roi,

PAR CH. DUFOUR,

MEMBRE DE LA SOCIÉTÉ DES ANTIQUAIRES DE PICARDIE.

AMIENS,

IMPRIMERIE DE LEDIEN FILS, RUE ROYALE, 10.

1839.

POUILLÉ

DES MANUSCRITS, COMPOSANT LA COLLECTION DE DOM GRENIER,

SUR LA PICARDIE, A LA BIBLIOTHÈQUE DU ROI,

Par M. Ch. DUFOUR, Membre résidant.

Vers le milieu du XVIIIe siècle, de grands travaux historiques se préparaient dans le silence du cloître. A voir l'ardeur nouvelle qui animait la laborieuse communauté des Bénédictins, à observer le zèle infatigable qui les dirigeait dans toutes leurs recherches et leurs investigations, il semblait vraiment qu'ils n'avaient point fait assez pour la science, qu'ils ne lui avaient point encore, et au préjudice de leurs exercices religieux, consacré assez d'heures et de veilles, et qu'en un mot, les nombreuses productions de leur génie compilateur n'avaient pu suffire pour acquitter leur dette envers le monde savant. Cependant si la Diplomatique et les Analecta de Mabillon, le Spicilège de d'Achery, l'Art de vérifier les dates, le *Thesaurus* de D. Martène, etc., n'avaient pu satisfaire les exigences de l'historien, quel moyen leur restait-il pour y parvenir jamais ? Quelle entreprise littéraire ou scientifique leur donnerait l'occasion de faire preuve de plus d'érudition et de patience, de savoir et de zèle, que tous ces vastes ouvrages, exécutés à grands frais de temps et de labeur.

Cette entreprise, ils l'eurent bientôt conçue. C'était de réunir tous les documents historiques que renfermaient les archives et civiles et ecclésiastiques de nos provinces, de former une collection des chartes et autres monuments paléographiques qui étaient enfouis dans tous ces chartriers, et sur cette base aussi large que vraie, d'ériger, comme monument national, l'histoire de chacune de nos cités.

Cette pensée, il faut bien le dire, leur avait été suggérée par les idées de leur siècle. Déjà les écrits philosophiques de Voltaire et de son école, faisaient présager la nouvelle organisation politique qui allait s'accomplir, et les affreux désordres qui en seraient le prélude nécessaire. Nos pieux Bénédictins, dans leur amour pour l'étude, prévoyaient bien que cet immense cataclysme qui allait déborder, causerait la ruine des monuments historiques, conservés dans les archives de l'hôtel-de-ville et du chapitre, dans celles du bailliage et de l'abbaye. Leurs craintes ne furent que trop justifiées. N'avons-nous pas vu, en effet, un fanatisme aveugle incendier plus d'un dépôt de ce genre, une main sacrilège déchirer, lacérer tous les titres qui y étaient trouvés, quels qu'en fussent d'ailleurs la nature, l'origine et l'objet , et qui formaient tous les éléments de notre histoire ? Pour nous-mêmes, pour notre département , qui marque à peine , dans les fastes ensanglantés de la terreur, de combien de documents historiques n'aurions-nous pas à regretter la perte, si la collection de Dom Grenier, à la bibliothèque du roi, ne nous en conservait des copies et des extraits , et quelquefois même l'original !

Cette collection a été commencée vers 1740 environ. Ce fut , en effet , à cette époque, que Dom Mongé, administrateur du temporel de l'abbaye de Corbie, écoutant son zèle plutôt que ses forces, accepta le titre d'historiographe de la Picardie. Pour remplir consciencieusement cette nouvelle mission, il visita d'abord le chef-lieu de cette province , et pendant que Dom Turpin visitait les archives du Berri , que Dom Fonteneau compulsait celles du Poitou, Dom Mongé interrogeait les pièces originales conservées à l'hôtel-de-ville d'Amiens. Après y avoir fait des recherches multipliées, il alla à Paris puiser de nouveaux documents à la chambre des comptes et dans diverses bibliothèques. Déjà il était parvenu à réunir un grand nombre de matériaux, lorsque la mort le surprit au milieu de son labeur, ne lui laissant même pas le temps de revoir ce cloître, témoin de toute une vie de pénitence et de privations ; il mourut la veille du jour où il devait retourner à Corbie (1).

Un homme avait été assez téméraire pour entreprendre seul l'histoire de la Picardie ; Dom Grenier , natif de Corbie et moine de l'abbaye de Saint-Germain-des-Prés, croyait

(1) Il est mort le 17 mars 1747 , dans le monastère des Blancs-Manteaux. Voir la bibliothèque générale des écrivains de l'ordre de St.-Benoît.

l'être encore en s'assurant cependant l'utile coopération d'un savant bénédictin qui, voué tout à la fois à la prière et à la science, consacrait, en faveur de cette dernière, les loisirs que la discipline de son ordre lui accordait. Dom Caffiaux consentit à partager la succession vacante de Dom Mongé, et à continuer les recherches de toute nature entreprises par ce dernier. Ensemble ils visitent, compulsent, fouillent et remuent toutes les archives de nos églises, de nos abbayes, de nos châteaux et de nos hôtels-de-ville ; ils prennent des copies, des extraits de toutes les pièces qui leur paraissent offrir quelque intérêt historique, et ne négligent rien pour remplir fidèlement les fonctions pénibles qu'ils avaient acceptées. Cette exploration au milieu de ces chartriers, nous a enrichis d'une belle collection de matériaux de la plus grande importance pour l'histoire de la Picardie ; car la collection de Dom Grenier n'est rien autre chose qu'une immense compilation de documents biographiques sur cette province. Son état politique et monumental sous les Romains, les persécutions qu'elle souffrit dans les premiers siècles de l'église, sa lutte contre les Normands, son enthousiasme pour les croisades, et la part active qu'elle y a prise en poussant le premier cri de guerre, sa civilisation au moyen-âge, ses fêtes de fous dans la cathédrale d'Amiens, et celles des coqs à Senlis, les guerres civiles et religieuses qui l'ont ensanglantée sous l'étendard du duc de Bourgogne, et, un siècle après, sous la bannière du Christ, les querelles acharnées de la fronde, etc., ont également frappé l'attention de ces deux moines historiographes, et leurs cartons sont pleins de notes qui y sont relatives. Dans quelques-uns même, nous trouvons l'histoire entièrement rédigée de l'abbaye de Corbie et de la Picardie, que Dom Grenier ne put publier, faute de souscripteurs.

Le travail que nous donnons aujourd'hui avait été entrepris pour notre usage personnel et pour faciliter les recherches que nous avions à faire dans cette collection. Conçu dans un tel dessein, ce dépouillement devait laisser beaucoup à désirer. Tel qu'il est, nous l'avons offert à la Société des Antiquaires de Picardie, comme une preuve de notre zèle, et ensuite pour lui ouvrir, comme on l'a déjà dit (1), la mine féconde où elle pourra puiser les éléments de ses plus intéressantes publications.

1ᵉʳ PAQUET (2).

1ʳᵉ et 2ᵉ LIASSES. — *Mémoires chronologiques, qui peuvent servir à l'histoire ecclésiastique et civile de la ville d'Amiens, extraits de plusieurs auteurs et d'anciens manuscrits,* par Decourt; 2 vol. in-fol., reliés (3).

Ces mémoires ont été légués par l'auteur à un abbé du faubourg Saint-Germain, à Paris, qui les vendit, le 23 septembre 1773, à un sieur Levasseur. Dom Grenier les acheta

(1) Rapport du 8 juillet 1838, p. 49 de ce volume.
(2) Cette collection de Dom Grenier est divisée en trente paquets, et chaque paquet subdivisé en un certain nombre de liasses. Cet ordre a été conservé dans l'inventaire. Les titres des MSS. sont reproduits aussi fidèlement, avec une orthographe souvent incorrecte, un style quelquefois exagéré.
(3) Ils sont mentionnés dans la Bibliothèque historique de Fontette, t. III, nᵒˢ. 34,150.

à ce dernier, en 1780, et c'est ainsi qu'ils font aujourd'hui partie de sa collection. Bien que, dans cet ouvrage, on ne remarque aucun esprit de critique, et que l'auteur ait accueilli, avec une certaine bonhomie, bien des faits, que la tradition seule nous a légués, cependant il faut lui savoir gré des recherches qu'il a faites pour éclaircir quelques points obscurs de l'histoire de notre ville; il y a d'autant plus de justice à en reconnaître le mérite sous ce point de vue, que Decourt n'a point entendu se faire son chroniqueur, mais recueillir seulement quelques documents statistiques, qui *pouvaient servir* à ses annales, comme il l'exprime lui-même dans le titre de ces mémoires. Pour donner une idée sommaire de l'intérêt qu'ils peuvent présenter, nous croyons devoir rapporter la table des matières.

Premier volume, liv. Ier, chap. Ier. — Origine d'Amiens et ses premiers fondateurs. — 2e Différents noms donnés à la ville d'Amiens. — 3e Sa situation, ses divers accroissements et sa grandeur. — 4e État de la ville sous les Romains, et plusieurs remarques historiques. — 5e De son gouvernement et de ses magistrats, avant sa soumission aux Romains. — 6e De ses magistrats sous les Romains et sous le règne de nos premiers rois. — 7e Langage du peuple d'Amiens et des lieux circonvoisins avant, pendant et depuis la domination des Romains. — 8e Religion des habitants, avant la prédication de l'évangile.

Liv. II. — Histoire des soixante-dix-sept évêques d'Amiens. Ce livre est extrêmement long, et « renferme, dit l'auteur, « des faits qui, outre qu'ils sont particuliers et curieux, peu- « vent encore être utiles à éclaircir et perfectionner l'his- « toire générale de la France, notamment du temps des ducs

« de Bourgogne, auxquels Amiens fut engagé par le traité
« d'Arras, en 1435, comme aussi pendant que les Anglais
« faisaient la guerre à la France, sous le règne de Charles VI
« et de Charles VII; la ville d'Amiens étant pour lors le
« centre de leurs intrigues, développées dans cet ouvrage. »

Deuxième volume, liv. III, chap. Ier. — Description de la
cathédrale; catalogue de ses doyens. — 2° Histoire chronologique des églises collégiales de Saint-Frmin-le-Confesseur
et de Saint-Nicolas, de l'église et des chapelains de Saint-
Jacques et du cimetière de Saint-Denis. — 3° Etablissement
de la congrégation des curés de la ville et des faubourgs, ensemble tout ce qui regarde chaque paroisse en particulier,
avec la liste de leurs curés jusques à présent. — 4° Histoire
abrégée de l'abbaye de Saint-Acheul. — 5° Histoire abrégée
et chronologique des abbayes et abbés de Saint-Martin. —
6° Catalogue historique des abbés de Saint-Jean d'Amiens,
ordre des Prémontrés. — 7° et 8° Historique de tous les monastères, tant d'hommes que de filles, et d'autres communautés ecclésiastiques, et ce, selon le temps de leur récep-
tion. — 9° Hôpitaux, chapelles et autres communautés, qui
ont été établis en cette ville et qui ne subsistent plus.

Liv. II, chap. Ier. — Histoire des comtes d'Amiens, com-
posée par Du Cange (avec des remarques et additions par
Decourt). — 2° Catalogue des gouverneurs généraux et des
lieutenants de Picardie, avec des remarques. — 3° Biographie des capitaines de la ville et des gouverneurs de la ville
et de la citadelle. — 4° Biographie des baillis d'Amiens et de
leurs lieutenants. — 5° Catalogue des maires d'Amiens, avec
des notes. — 6° Histoire des vidames d'Amiens. — 7° Histoire
abrégée et chronologique des seigneurs de Vignacourt, sur-

nommés d'*Amiens*, où il est parlé par occasion des anciens châtelains de cette ville. — 8ᵉ Recueil des hommes illustres natifs d'Amiens, et leur histoire commençant à Pierre l'Ermite et finissant à M. de Lestocq, docteur de Sorbonne.

3ᵉ LIASSE. — *Rôle des nobles et fieffés du bailliage d'Amiens, ajournés pour la guerre, en conséquence des ordres de Philippe de Valois, le 24 août 1337.* — Gros cahier d'une écriture assez lisible. Cette pièce a été collationnée le 2 juin 1775, sur l'original, qui se trouvait à cette époque entre les mains de Dom Pernot, bibliothécaire de Saint-Martin-des-Champs, à Paris, et qui, aujourd'hui, doit être conservé à la chambre des comptes, d'après une note écrite en marge de ce rouleau.

Dans une lettre adressée à Philippe de Valois, Gérard de Picquigny, Bernard de Moreuil et Régnaud d'Aubigny, lui rendent compte des opérations de ce récensement, dont il les avait chargés. D'après ses ordres, ils se transportèrent à différents jours dans les prévôtés du bailliage d'Amiens « où nous fismes, disent-ils, escrire les nobles qui, pre-« sens et venus, estoient leurs noms et surnoms, et com-« ment il etoit apparillié, et entendoient à aller et estre en « vostre aide (du roi) et en quel nombre de gens d'ar-« mes chacun y eucent à estre; est assavoir les armés et « montés d'une part et les armés à haubers (1) et à ba-

_____

(1) Cette armure, en usage dans toute l'Europe civilisée, depuis le milieu du XIᵉ siècle jusqu'au commencement du XIVᵉ (1060 à 1320), consistait en une chemise ou tunique de mailles de métal, couvrant le corps depuis la clavicule jusqu'au milieu des cuisses et même plus bas, munie de manches pareilles, tantôt serrées, tantôt larges et pendantes. La dénomination de cotte de mailles, sous laquelle elle est également

« chines (1) d'autre part, a pié et comme chy après est
« et sera desclairié. »

Les principaux gentilshommes, dont ce rôle fait mention,
sont : « dans la prévôté de Fouilloy, le seigneur de Heilly, à
bannière (2); messire Jacques de Heilly, à compaignons.

Dans celle de Beauvoisis, messires Guerart de Pinqueigny,
Ferry de Pinqueigny, Robert de Pinqueigny, tous trois à
bannière.

Dans celle de Vimeu ou d'Oisemont, le seigneur de Be-
tencourt, lui quart armé et monté; messire Robert de Bou-
berch, lui tierch.

Dans celle de St-Rikier, le comte d'Aubomalle, lui tierch
à bannière; messire Jean de Mailly, à bannière.

Dans celle de Montreuil, messire Morel de Fieulles, à
bannière.

connue, ne lui fut donnée que du milieu du XIVe siècle jusqu'au XVIe.
Voir les Etudes sur les armes et les armures au moyen-âge, par
M. Allou, insérées dans le tom. X des Mémoires de la Société des An-
tiquaires de France, p. 287 et 297.

(1) « En ce temps, la coustume des hommes estoit, qu'ils s'armoient
« à bacinez, à camail (cape de maille), à une pointe aigue, un gros
« orfroy sur les espaules, et chaoun avait sa hache attachée à sa cein-
« ture ». Citation donnée par Du Cange, dans son Glossaire latin, au
mot *Bacinetum.*

(2) Le banneret était un puissant seigneur, qui, dans la hiérarchie
aristocratique de l'époque, prenait rang après le baron et avant le
simple chevalier. Comme haut-justicier, sa plus belle prérogative consistait à pouvoir dresser fourches patibulaires à quatre posts (poteaux)
garnis de liens par dedans ou par dehors Voyez la collection de Deni-
sart, Vo Fourches patibulaires et l'Histoire de Bretagne, par D. Lobi-
neau, t. II, Col. 1147. Pour obtenir cette dignité, il fallait avant tout

Dans celle de Beauquesne, le sieur de Vaurins, à compaignons ».

Ce procès-verbal, comme on le voit par cet extrait, nous
indique quelles furent les principales familles de Picardie,
qui prirent part aux guerres désastreuses que la France soutint à cet époque contre les Anglais. Combien de ces chevaliers ont dû trouver la mort sur le champ de bataille de
Crécy, car *nul n'estoit prins a rançon n'a merci*, dit Frois-
sart !

*Scriptum Ingelburgis reginæ ad Capitulum Ambia-
nense et rescriptum capituli ad ipsam reginam.* — Ces
deux actes ont été extraits du deuxième cartulaire de l'évêché d'Amiens, fᵒ 120, vᵒ, conservé aujourd'hui aux archives
des Feuillants ; ils sont relatifs à la donation d'une magnifi-

être gentilhomme de nom et d'armes et, en outre, pouvoir mettre sur pied
et défrayer cinquante chevaliers, ce qui fesait une compagnie de cent
cinquante chevaux ; car chaque chevalier, outre ses valets, avait deux
hommes d'armes ou écuyers pour le servir, armés l'un d'une arbalète,
l'autre d'un arc et d'une hache, comme le prouve cette citation, donnée par Delaurière dans son Glossaire de droit français, Vᵒ. Banneret,
et qu'il a puisée dans l'armorial d'un héraut d'armes : « Quand un che-
« valier a longuement servi et suivi les guerres et qu'il a terre assez
« tenir qu'il peut tenir cinquante gentilshommes pour accompagner sa
« bannière et non autrement, car nul autre homme ne peut porter
« bannière en bataille, s'il n'a cinquante hommes d'armes et les ar-
« chiers et les arbalestriers qui y appartiennent, et s'il les a, il doit,
« à la première bataille où il est, apporter un pennon de ses armes et
« doit vesnir au connetable ou aux mareschaux requerir qu'il soit
« banderet et, si il lui octroyent, doivent faire sonner les trompettes,
« pour tesmoigner, et doit-on couper les queues du pennon, et lors
« le doit lever et porter avec les autres au-dessous des barons ».

que chasuble que fit cette princesse au chapitre, lorsqu'elle fut répudiée par Philippe-Auguste (1).

Catalogue des curés de la ville d'Amiens, avec le revenu de leurs églises depuis 1299.

Chartes des rois de France, qui regardent les maire, échevins et communautés de la ville d'Amiens. — Cette copie, sur vélin, a été collationnée par le secrétaire du roi, le 29 novembre 1672, et chaque page est paraphée de sa main.

Liste de prédicateurs qui ont occupé la chaire de la cathédrale d'Amiens, depuis sa fondation.

Biographie des gouverneurs de la ville et citadelle d'Amiens, commençant à Dominique de Vic, en 1597.

Biographie des baillis d'Amiens, des lieutenants-généraux d'Amiens, des lieutenants criminels du bailliage d'Amiens.

Catalogue des procureurs du roi au bailliage d'Amiens, des officiers de la charge d'assesseur criminel, créés par édit d'Henri III, au mois de juin 1586.

Biographie des présidents au présidial d'Amiens, des conseillers au bailliage d'Amiens, des trésoriers de France au bureau d'Amiens.

Dissertation sur les fortifications d'Amiens. — Ce MS. date de 1720; l'auteur anonyme conseille de détruire les remparts pour l'agrément des habitants.

(1) Ces actes sont transcrits une deuxième fois dans ce cartulaire, f° 154, r° et v°. On sait qu'Ingelburge épousa Philippe-Auguste, en 1192, dans la collégiale St.-Nicolas d'Amiens; en 1757, leurs statues décoraient encore le porche principal de l'église, en mémoire de cet événement. V. le P. Daire.

Plusieurs pièces relatives à la découverte du corps de saint Firmin.

Procès-verbal de la visite faite au clocher doré de Notre-Dame d'Amiens, le 19 octobre 1628. — Les architectes déclarent que le clocher n'est pas solide, et que des réparations sont urgentes. C'est ce rapport qui aura déterminé le chapitre à le diminuer de 5 mètres 84 centimètres (18 pieds) (1).

Dissertation sur les poids et mesures, commerce, embellissements et autres objets particuliers à la ville d'Amiens. — MS. très-volumineux, d'une écriture moderne; il renferme des notions curieuses et pleines d'intérêt sur l'usage des poids et mesures dans cette ville.

Histoire des comtes d'Amiens par Du Cange, suivie d'un Traité sur la Regale, par le même. — Ces deux ouvrages sont des copies prises sur les originaux qui, à cette époque, appartenaient à l'abbaye de Saint-Riquier, et qui, aujourd'hui, sont conservés à la bibliothèque royale (2).

Critique de l'Histoire des comtes d'Amiens de Du Cange, par Dom Grenier. — Chaque page de ce MS. est divisée en deux colonnes; dans la première, notre savant bénédictin a cité les faits et conjectures qui lui paraissaient erronés; et la seconde, intitulée par lui, *Preuves et autorités*, fait connaître les sources où il a puisé ses moyens de critique. Ce travail, couvert de notes et de citations précieuses, porte avec lui le cachet d'une érudition bien remarquable.

(1) Histoire de de la cathédrale d'Amiens, par Gilbert, p. 92.

(2) L'Histoire des comtes d'Amiens porte le n°. 1,209 du supplément français.

Il se trouve, dans cette liasse, plusieurs feuilles détachées concernant :

1° *L'étymologie du mot Samarobriva; 2° l'ancienneté du mot Ambianensis, 3° les enceintes de la ville, places, rues et portes; 4° la translation du siége épiscopal de St.-Acheul, dans la ville d'Amiens, par saint Sauve.*

Ces divers extraits ont été copiés, par Dom Grenier, sur un manuscrit de M. de Riencourt, appartenant à l'abbaye de Saint-Riquier (1).

4° Liasse..... manque.

5° Liasse. — *Matériaux pour l'Histoire de Senlis.*

Les pièces les plus importantes sont : 1° *La vie du chancelier Guérin* (2) *par D. Lamy* (3); 2° *un extrait du cartu-*

---

(1) Ce MSS. est sans doute celui que de Riencourt a écrit sur l'Histoire des évêques d'Amiens ; c'est le seul, en effet, que lui attribue la Bibliothèque historique de Fontette , sous le n° 9692. De Riencourt est mort en 1716, doyen de l'église d'Amiens.

(2) Chevalier de l'ordre de St.-Jean-de-Jérusalem, Guérin jouit d'une grande considération à la cour de Philippe-Auguste , Louis VIII et St.-Louis ; conseiller d'état en 1190, il fut chargé de la garde des sceaux, en 1203, puis chancelier de France et évêque de Senlis en 1213. C'est en cette qualité qu'il conduisit ses troupes à la bataille de Bouvines, où il se tint constamment à leur tête et enflamma leur courage par une noble ardeur. (Voir Rigord, Vie de Philippe-Auguste). Il mourut, en 1230, à l'abbaye de Châlis où il était venu échanger ses ornements pontificaux contre le cilice et la bure.

(3) La Bibliothèque historique de Fontette ne fait aucune mention de cet auteur ; elle n'indique qu'une seule notice biographique sur le chancelier Guérin, c'est l'*Eloge de François Guérin, par Charles d'Auteuil,* (n° 9665) qui a été imprimé dans son Histoire des ministres d'État, p. 382, Paris 1642 , in-fol.

laire trouvé en l'hôtel-de-ville, commençant en 1404, *sous le règne de Charles VI; 3° la généalogie des Bouteillers, famille de Senlis,*

6ᵉ Liasse. —*Lignage de Dreux et de Couci.*—Manuscrit volumineux, sur vélin, et portant la date de 1477.

Cette chronique, comme le dit l'auteur anonyme, « est « extraite de plusieurs histoires, et vient à la conqueste que « fit le vaillans preus et hardis le duc Godefroy de Buillon, « jadis duc de Lhoraine, en la terre saincte, la ou il fina ses « jours come roi de Jherusalem, et trouveres (trouverez) « plusieurs de ces nobles hommes ici escrips qui furent avec « lui à la dicte conqueste, et trouveres toute la genealogie « tant de père come de mère, et voit en ceslui plusieurs au- « tres choses que bien sont dignes de memoire. »

7ᵉ Liasse. — *Histoire généalogique de la très-illustre et très-ancienne maison de Couci et Vervins,* par François de l'Allouette, bailli de la comté de Vertu. — Copiée sur l'é- dition publiée en 1577, à la fin du *Traité des nobles,* du même auteur.

Généalogie de la maison de Couci. — Ecrite de la main de Dom Grenier, et formant un cahier de 150 pages.

Généalogie des châtelains de Noyon et de Couci.

8ᵉ Liasse. — *Etat des feux de Picardie,* dressé par or- dre alphabétique, en 1772.

2° PAQUET.

1ʳᵉ Liasse. — *Histoire et martyre de saint Quentin.* — Sous ce titre sont réunies plusieurs biographies de cet apôtre de Vermandois.

2ᵉ Liasse. — *Généalogie des seigneurs de Guynes, de Monchy, de Roye, de Compiègne.*

Romance sur l'amour de Raoul de Coucy, pour la belle Gabrielle de Vergy. — Cette pièce de vers se compose de quarante-trois strophes, et chaque strophe est un quatrain. Nos notes n'indiquent point quelle peut en être la date, mais si notre mémoire ne nous est point infidèle, son style ne saurait lui assigner plus d'un siècle d'origine.

Procès d'Enguerrand de Couci, pour avoir fait pendre deux enfants de Saint-Nicolas-aux-Bois.

3ᵉ Liasse. — *Manuscrit sur l'abbaye de Saint-Lucien,* près de Beauvais.

Histoire de la ville de Montdidier. — Cette pièce a été extraite d'un manuscrit in-fol. de plus de 1000 pages, composé par Delamorlière, ancien maïeur de Montdidier.

Biographie des hommes illustres de Montdidier, Péronne et Roye. — Depuis 1421, ces trois villes et leurs dépendances étaient administrées par un gouverneur général.

Inventaire des titres de l'hôtel-de-ville et des églises de Montdidier.

Chartes des rois et ordonnances de la ville de Montdidier — Cette copie a été faite sur le cartulaire de l'hôtel-de-ville, appelé le *livre rouge.*

Notice sur l'Histoire de Montdidier. — Elle porte 200 pages et a été extraite d'un MS. contenant 12 cahiers, communiqué par M. de la Villette, écuyer lieutenant criminel au bailliage de Montdidier. Nous avons remarqué dans ce mémoire, quelques documents sur les troubles causés par les protestants, dans cette ville, en 1556, sur le siége de Péronne, celui de Montdidier, et la ligue jurée en Picardie.

Après cette liasse, la seule que l'on ait pu nous communiquer porte le numéro 7. Une note que nous avons trouvée dans la première de ce paquet, nous indique ce que contenaient celles qui sont égarées. La quatrième concernait Beauvais et le Beauvoisis ; la cinquième, Clermont en Beauvoisis ; la sixième était intitulée : *Restes du paganisme, superstitions dans la Picardie.* Ce titre est également celui de la première liasse du vingt-quatrième paquet. Malgré cette identité de rubriques, il est bien à croire que ces deux liasses n'en ont jamais fait une seule, puisqu'elles portaient deux numéros différents. La huitième renfermait plusieurs pièces justificatives sur l'abbaye, la ville et le comté de Corbie, et la neuvième était consacrée à l'histoire de Roye, Étaples et autres lieux. Bien que la collection de Dom Grenier renferme encore d'autres documents historiques sur ces diverses communes, on ne peut cependant trop déplorer la perte d'un si grand nombre de liasses, qui n'étaient sans doute pas sans quelque intérêt, puisqu'on a jugé bon de les faire disparaître.

7e LIASSE. — Elle se compose d'un carton dans lequel sont renfermés plusieurs *Catalogues des manuscrits de la bibliothèque de l'abbaye de Corbie.* Celui qui est fait avec le plus de soin et d'intelligence, en cote 285, et donne l'historique de chacun d'eux en mentionnant quelle en est la source, le mérite réel, à quel auteur on l'attribue, etc... Ces inventaires ont cela de curieux qu'ils nous font passer en revue les richesses de toute nature, qui étaient entassées dans cette abbaye. Bien avant 89, cette bibliothèque avait perdu une partie de sa fortune ; la révolution trouva peu de chose à faire pour la ruiner entièrement (1).

(1) Le premier acte de spoliation fut commis par un roi. Louis XIII,

Ce carton renferme également le *Catalogue des livres qui se trouvaient à Saint-Germain-des-Prés, et qui provenaient de l'abbaye de Corbie.*

3ᵉ PAQUET.

1ʳᵉ Liasse. — *Extrait d'un manuscrit pour servir à l'histoire séculière et profane de la ville de Compiègne,* par Dom Berthauld (en 87 pages, petit in-fol.).

Histoire de Compiègne de 1626 *à* 1730.—Tiré d'un MSS. de l'abbaye de Saint-Corneille.

Catalogue des livres manuscrits de Saint-Corneille de Compiègne. —Très-curieux.

Abrégé de l'Histoire du monastère royal de Notre-Dame de Compiègne, autrement de Saint-Corneille et de Saint-Cyprien, avec un récit de ce qui s'est passé de plus particulier depuis sa fondation.

Histoire civile et ecclésiastique de Compiègne, par Dom Placide Berthauld, rédigée en 1654. — Gros cahier de 120 pag. Belle écriture.

Quelques notes sur le séjour des rois au château de Compiègne.

après la reprise de cette ville, en 1636, fit enlever de l'abbaye les principaux MSS. que possédait sa bibliothèque et en enrichit celle de St.-Germain-des-Prés. L'Histoire littéraire de la congrégation de St.-Maur (Préf., p. x, Bruxelles 1770) nous apprend que, pour prévenir ce pillage, les moines avaient fait murer les portes de leur bibliothèque, mais cette sage précaution fut inefficace, « car les meilleurs MSS. furent enlevés, « on ne sait comment, et portés en Flandre ou ailleurs. On voit « ajoute-t-on, dans la bibliothèque du roi, un Tite-Live écrit il y a « onze cens ans ». Nous ignorons, dans le cas où il y serait encore conservé, si son origine est connue.

2ᵉ Liasse. — *Divers documents sur les rues et places de Compiègne.*

Recueil de chartes données à Compiègne par les rois de France. — En tête se trouve celle de Hugues, par laquelle il appert qu'étant à Compiègne, avec le roi Robert, son fils, il avait fait sacrer un religieux nommé Maingaud, abbé de Corbie, pour ample confirmation de tous les biens de son monastère ; ce qu'il firent en présence de plusieurs évêques et seigneurs du royaume.

Charte de l'empereur Charles-le-Chauve, confirmative de tous les droits, priviléges et immunités du royal monastère de Corbie, donnée au palais impérial de Compiègne.

Plusieurs chartes extraites du monastère de Saint-Valery.

Lettre de Philippe-Auguste, par laquelle il remet à l'évêque d'Amiens, procurationem, *droit de gîte, en considération de ce qu'il lui avait rendu l'hommage qu'il devait à cause du comté d'Amiens à lui échu* (1).

Plusieurs mémoires sur la ville de Compiègne et l'abbaye de Saint-Corneille (2).

----

(1) Voir cette charte dans la Collection de D. Martène, t. I, p. 965.

(2) Dans cette cote, se trouve une notice sur un dyptique à deux feuillets, conservé autrefois dans cette abbaye, et aujourd'hui à la bibliothèque royale. Cette description diffère, en un point, de celle donnée par M. du Mersan, dans son Histoire du cabinet des médailles, p. 22. En effet, d'après ce savant antiquaire, la femme que l'on aperçoit dans le cercle inférieur représenterait *probablement* la ville de Constantinople, tandis que, d'après cette notice de Dom Grenier, l'artiste aurait voulu en elle personnifier le sénat « lequel les grecs en leur langue appellent *Boulé,* de genre féminin et pour ce, le figurent en forme de femme, por-

Noms des chevaliers, faits par les rois de France dans le château de Compiègne ou à l'abbaye de Saint-Corneille, et en mémoire desquels les armoiries étaient suspendues dans l'église.

Quelques feuilles détachées, concernant Choisy et Saint-Jean-aux-Bois, près de Guise.

4ᵉ LIASSE.—*Chartes de l'abbaye de St-Pierre de Chezy.* —Copiées sur les originaux, par Charles Mulley, bénédictin, archiviste nommé par le roi pour la Picardie et le Soissonnois.

4ᵉ PAQUET.

1ʳᵉ LIASSE. — *Dictionnaire topographique des villages de Picardie.* —·Extrait du dictionnaire d'Expilly, par Dom Mulley (1).

2ᵉ LIASSE. — *Pièces relatives à plusieurs communes de Picardie.* —·Elles concernent Airaines, Aire en Artois, Ambleteuse, Ardres. — Dans cette dernière cote, se trouve une gravure portant au bas cette inscription : « Voicy le « dernier, le plus parfaict et veritable portraict de l'assie-

tant de longs cheveux et des mamelles.» Cette opinion nous paraît d'autant plus fondée que, d'après l'inscription grecque remplissant les intervalles des médaillons, ce dyptique était une offrande faite, en 525, par Philoxenus, créé consul, *au sage sénat.*—Le catalogue de la bibliothèque de St.-Corneille de Compiègne, mentionné dans la liasse précédente, indique à quel MSS. ces tablettes d'ivoire ont servi de couverture.

(1) Dictionnaire géographique, historique et politique des Gaules et de la France, par l'abbé d'Expilly, publié à Avignon, en 1762, 6 vol. in-folio.

« gement de la ville d'Ardres ; faict par son altesse serenis-
« sime le cardinal Albert, au 7 de may 1596 , et depuis par
« apoinctement pris le 23 dudit mois. » — *Généalogie de la
maison d'Ardres.* — Aubenton , Auxi-le-Château , bourg
d'Ault, Beauquesne , Bray–sur-Somme. La cote relative à
cette commune renferme un recueil de chartes par elle ob-
tenues depuis l'an 1212 à 1489 , et quelques notes biographiques sur Guillaume de Bray, fait cardinal par Urbain IV, en
1263 (1). — Bulles , au comté de Clermont. — La Capelle.

3° LIASSE. — Suite de la collection des pièces relatives aux
communes de Picardie.

Centule ou Saint–Riquier. Cette cote renferme : *Chronicon
centulensis monasterii scriptum a Johanne de Capella
anno 1492 (2).* — Cet extrait de 50 pages , très-lisible , a été
copié en 1640.

Dénombrement des fiefs mouvants de Saint-Riquier.

*Destruction de la ville de St.-Riquier, le 5 des calendes
de septembre 1131 , par les seigneurs de Camp-d'Avesne.*

Chantilly, Châtillon-sur-Marne, Crépy en Laonnois, Crotoy. Quelques notes sur le siége de cette ville par le duc de
Bourgogne. — Desurennes dans le Boulonnois, Dorman, du
diocèse de Soissons, Doullens. Quelques *notes sur la manu-*

(1) D'après Moreri, Guillaume de Bray, archidiacre de Reims, puis
cardinal, en 1262, n'était point de Bray-sur-Somme, comme semblerait
l'indiquer la place qu'occupent ces notes biographiques , mais bien de
Bray, département de l'Aube. Du reste, il y a plusieurs versions sur le
lieu de sa naissance ; quelques-uns l'ont cru anglais d'origine.

(2) L'original doit être conservé aujourd'hui à la bibliothèque royale ;
car autrefois il faisait partie de la collection de Duchesne. V. la Bibliothèque historique de Fontette , t. I , n° 11,732.

facture de draps de Doullens, à la fin du XIIIe siècle. Encre ou Albert, Eu; *copie du cartulaire de cette ville.*

La Fère, la Ferté-Milon ; quelques notes sur Racine. Pont-Sainte-Maxence, Rosoy, Ribemont, Rue; suite de ses seigneurs, *Diverses légendes sur sa croix miraculeuse.* — Saint-Just, Saint-Omer; Recueil de chartes imprimées concernant l'histoire de cette ville; Tournehem, Vesly en Soissonnois, Vervins ; *Pouvoirs donnés par Henry IV, roy de France, au comte de Rochepot, pour aller à Madrid recevoir le serment de Philippe, troisième roy d'Espagne, pour l'observation du traité de paix conclu à Vervins, entre la France et l'Espagne, le 2 mai 1598, Philippe II, roi d'Espagne, vivant encore.* Tel est le titre d'un gros cahier renfermant un grand nombre de pièces relatives à cet événement.

Diverses notes sur Wissant, ancien port de mer entre Calais et Boulogne.

4e et 5e LIASSES..... manquent.

6e LIASSE.—*Pièces justificatives concernant l'histoire de Corbie.*

Manuscrit latin sur l'histoire de Corbie, par Bonnefont, moine de l'abbaye.

Valeur des fiefs mouvants de l'abbaye de Corbie.

Table chronologique de l'histoire de Corbie, de 892 à 1310. —Ce MSS. est vraiment précieux, car il trace par ordre de date, et avec une grande fidélité, tous les événements importants qui ont eu lieu dans cet intervalle ; il ne compte pas moins de 40 pages in-4°.

Vie de saint Adelard et de Wala, son frère, cousins germains de Charlemagne, premiers ministres de l'em-

pire français, sous cet empereur, et sous son fils Louis-le-Débonnaire, régents du royaume, abbés de Corbie en France, et fondateurs de Corwey en Saxe, avec les observations et les notes critiques du père Mabillon (1).

Affaire de D. Gerberon à Corbie, en 1682 (2). — Tiré d'un MSS. de la congrégation de Saint-Maur.

Notice sur la réforme de l'abbaye de Corbie, en 1618.

Relation du siége de Corbie, en 1636, par D. Marlene, de la congrégation de Saint-Maur.

Plusieurs autres pièces relatives à l'histoire de Corbie.

Recueil d'un héraut d'armes sur la marche de Corbie, ou sur les Corbiois à bannière.

5e PAQUET.

LIASSE UNIQUE. — *Nécrologe de l'abbaye de Corbie.* — MSS. très-volumineux.

(1) Voir les Actes des Saints de l'ordre de St.-Benoît, par Mabill.

(2) On sait que Dom Gerberon avait pris part aux contestations naissantes du jansénisme. La liberté avec laquelle il s'expliquait sur les cinq propositions sur la grâce, qui en faisaient l'objet, obligea ses supérieurs à l'envoyer à Corbie, où il ne se montra pas plus réservé. D'après les ordres du roi, la maréchaussée se présenta, un matin, à l'abbaye, pour se saisir de sa personne, mais averti en temps utile, il s'échappa adroitement du cloître et s'enfuit en Flandre. Arrêté quelque temps après par l'archévêque de Malines, il fut conduit dans la citadelle d'Amiens, où il employa des moments de loisir, trop fréquents sans doute, à écrire la vie de Jésus-Christ et le vain triomphe des Jésuites, dans la rétractation du P. Gerberon. — Voir Moreri de 1759 ; la Biographie universelle de Michaud ; la Bibliothèque générale des écrivains de l'ordre de St.-Benoît et la Bibliothèque Janséniste du P. Colonia.

Cérémonial de Corbie par mois. — En latin.

Procès-verbal du 14 novembre 1759, de l'état actuel des monuments dépendants des inhumations de la famille Soyecourt, qui se trouvent en la chapelle Notre-Dame de l'église Saint-Pierre de Corbie.

État des fortifications de Corbie, en novembre 1636.

Biographie de Philippe de la Chambre, moine de Cluny, 61e abbé et comte de Corbie, et de Louis de Lorraine, 66e abbé et comte de Corbie. — En latin.

Histoire de la ville et comté de Corbie. — MSS. incomplet.

Histoire de l'abbaye royale de Saint-Pierre de Corbie, en Picardie. — MSS. de 400 pages.

Index rerum mirabilium historiæ MS. (monasterii) Corbiensis. — Cet index est d'autant plus précieux, qu'il est sans lacunes, et que le MSS., dont il est le sommaire, ne compte pas moins de 1200 pages.

Généalogie de la famille des Auxcousteaux, depuis 1530.

Prospectus de la notice historique de Picardie, par D. Grenier. — Imprimée.

Dans un carton qui fait partie de cette liasse, nous avons trouvé :

Un mémoire ou inventaire des monuments écrits, qui se trouvent dans le monastère des dames de Sainte-Claire d'Amiens.

Un volume intitulé : *Preuves de l'histoire de Corbie,* renferme une collection de plusieurs pièces justificatives, toutes copiées sur les originaux. Celles, qui nous ont paru offrir le plus d'intérêt, sont :

Procès-verbal des limites du comté d'Amiens, de Ponthieu et de Corbie. — En latin ; extrait du cartulaire noir de Corbie, f° 17, conservé aujourd'hui à la bibliothèque royale.

Jugement de la cour des pairs de Corbie contre le seigneur d'Encre.

Rôle des anciens vassaux de l'abbaye de Corbie.

Armoiries des nobles du Corbiois.

Ligue Jurée en Picardie le 13 février 1577, ou association entre les seigneurs nobles, ecclésiastiques et le tiersétat de Picardie.

Livre des anciennes coutumes du comté de Corbie.

Produit du vignoble de Corbie et des vignobles des villages circonvoisins en différentes années.

Documents sur la construction de l'arsenal, en 1551.

État de l'artillerie de la ville, en 1568.—Autre état, en 1569.

Relation d'un accident arrivé par les poudres, sur les remparts, en 1448.

Parodie à l'occasion d'une entreprise sur la ville, manquée par les impériaux, en 1542. — Cette pièce, en vers latins et français entremêlés, se compose de dix-neuf strophes. La première, que nous rapportons, en fera bien apprécier le caractère d'originalité :

Audite hæc, omnes gentes,
Vous scaurez comment de Corbie
Appropinquaverunt hostes,
Avec fureur et grande envie
De faire perdre à tous la vie,
Quoniam cogitaverunt
Entrer dedans par leur folie,
Sed subitò defecerunt.

Procès-verbal du conseil de guerre tenu à Amiens, *pour juger M. de Soyecourt, lieutenant de la province,* *présidé par le roi, en 1636.*

Inventaire des reliques du trésor de l'abbaye de Corbie.

Information sur la conduite des religieux de Corbie, *pendant le siége.* — Les pièces, qui concernent cette enquête, sont assez curieuses; elles forment un volume.

Relation de l'incendie de l'église de l'abbaye.

Statuts de l'abbé Saint-Adalhard.

État des communes dépenses de l'abbaye de Corbie, en 1325, 1326, 1327. — « Pour donner à dîner au chapitre de « Fouloy, au clergié, esquevins et bourgois le jour et le « nuit de Noel, l'an XXV (1325)...., XLV liv. XVI sols II de- « niers. Pour poissons de douce yaue presenté au roy, pour « deux saumons et deux esturjons presenté à li, quand il fut « à Boves et à Amiens...., VI liv. VII sols. »

Livre ou l'on voye che sont li non des gens d'office, *sergans de mestier et autres qui eurent li draps de la li-* *vrée de Paques, l'an XLVII (1347).*

Articles et ordonnances et statuts de tous tems observés *et gardés au monastère de Saint-Pierre de Corbie; que* *chascun prelat est tenu jurer et maintenir en son entier,* *auparavant que estre receu abbé par le couvent.*

Constitution de l'abbé Evrard, touchant la monnaie de *Corbie.*

Préface du cartulaire noir et sa division, par frère Jean Candas (1).

_____

(1) Ce Cartulaire est aujourd'hui conservé parmi les manuscrits de la bibliothèque royale.

*Catalogues divers des manuscrits, formant la biblio-
thèque de l'abbaye de Corbie, dans les XIe, XIIe et XIIIe
siècles.* — Très-curieux.

*État des moulins à draps à Corbie, et de leurs re-
venus.*

*Information sur le lieu de la naissance et les premiers
actes de la bienheureuse Colette.* — Gros cahier de 1000
pages.

6e PAQUET.

1re Liasse. — *Journal de la ruine du monastère de St.-
Crépin-le-Grand, au diocèse de Soissons, par les Hugue-
nots, en 1568.* — Ce journal a été écrit par Dom Nicolas Le-
paulant, prieur dudit monastère.

2e Liasse. — *Compte rendu du voyage fait en Picardie,
par Dom Grenier, chargé par le roi de travailler à l'histoire de cette province.*

Cette liasse renferme en outre un certain nombre de lettres
d'invitation, adressées à Dom Grenier, pour les séances du
comité des chartes, dont il était membre.

3e Liasse. — *Chronique du pays et comté de Ponthieu.*
— Elle se compose de 315 pages, et va jusqu'à M. de Lon-
gneville, gouverneur de Picardie. Relié.

4e Liasse. — *Recueil de chartes copiées et mises en ordre par Dom Grenier.* — Elles sont toutes relatives à l'histoire de la Picardie, et ont été transcrites pour le dépôt des
chartes, d'après les ordres du roi.

5e Liasse. — *Notes diverses sur l'histoire de Noyon.* —
Très-incomplètes. Le chiffre 9 qui se trouve sur l'enveloppe,

nous fait penser que plusieurs autres cotes relatives à cette ville, ont été égarées.

6° et 7° LIASSES..... ne renferment que plusieurs lettres portant cette suscription : *à Dom Grenier, historiographe de Picardie*. Elles sont, pour la plupart, relatives au travail dont il était chargé ; quelques-unes seulement ont rapport à ses affaires particulières.

8° LIASSE. — Intitulée : *Antiquités et mélanges d'histoire*.

Description de sept médailles ou deniers romains trouvés dans une fondation près de la ville de Compiègne, en 1773.

Dissertation sur les voies militaires des Romains dans les Gaules, par D. Jourdain. — Fontette ne connaissait, de D. Jourdain, qu'un seul Traité sur les voies militaires des Romains chez les Sequanois ou dans la Franche-Comté, ouvrage couronné en 1756 par l'académie de Besançon (1), en sorte que son silence sur cette autre dissertation nous laisse ignorer si elle a jamais été publiée.

Histoire de la seconde Belgique avant l'établissement de la monarchie française, par Dom Grenier. — Sous ce titre, nous avons trouvé un travail complet, entièrement terminé et consciencieusement élaboré, comme tout ce qui est sorti de la plume de notre fécond, mais trop ignoré bénédictin. Le désordre dans lequel les idées ont été tracées sur le papier, est surabondant pour attester que ce manuscrit est un original ou un brouillon.

Extrait d'un manuscrit sur les médailles et antiquités

(1) Bibliothèque historique, t. I, n° 70.

trouvées en Picardie.—Cette copie, toute incomplète qu'elle est, renferme cependant de curieux documents sur l'archéologie romaine de notre province.

7ᵉ PAQUET.

1ʳᵉ LIASSE..... manque.

2ᵉ LIASSE. — Ne renferme que des imprimés étrangers à l'histoire de Picardie, et ne présente, du reste, qu'un médiocre intérêt. Inutile d'en donner ici l'inventaire ; il serait encore plus insignifiant.

3ᵉ LIASSE. — *Miscellanées généalogiques des comtes de Boulogne.*

Extrait de l'inventaire des archives du château de Moreuil, fait par Dom Caffiaux, en 1768. — 2 grands cahiers in-fol.

Extrait du cartulaire de Picquigny, appartenant à M. de Chaulnes, communiqué à moi Dom Caffiaux, historiographe de Picardie, en 1763. — 4 cahiers in-8º. Ce cartulaire remonte à 1207.

Recueil des armoiries des nobles de Picardie, maintenues par jugement de M. de Bignon, en 1713.—Elles sont dessinées sur de petites cartes, renfermées dans un portefeuille.

Généalogie de la maison de Clermont en Beauvoisis.

Généalogie de la famille des Auxcousteaux, par les femmes.

4ᵉ LIASSE. — *Histoire du siége de Corbie, par les Espagnols et par les Français.* — Cahier de 32 pages, sans lacunes.

Extrait du cartulaire de l'abbaye de Saint-Valery. — Dans cette liasse, se trouvent également plusieurs autres pièces relatives à l'histoire de cette communauté.

Extrait des archives de l'abbaye de Saint-Corneille de Compiègne.

5ᵉ LIASSE. — *Histoire des abbés de Corbie.* — 2 cahiers volumineux.

Divers extraits du cartulaire de cette abbaye.

Discours sur la force et la situation d'Abbeville, en 1639.

Extraict d'une cronique d'Engleterre, estant au chasteau de l'Isle en Flandre, en l'an mil quatre cent soixante dix, où il est fait mencion de la première fondation d'Abbeville. — Son origine, d'après ce manuscrit, remonte à une haute antiquité : « Un certain Brutus, après la prise de Troie, « en 1130 avant J.-C., sous le roi Saül, avant de s'embarquer « pour aller purger l'Angleterre de ses géants, construisit « une ville appelée *Kataphuge*, qui veut dire refuge, et qui, « plus tard, prit le nom de *Leucopolis* à cause des claies, dont « on se servait sur son terrain fangeux. » Cet extrait, tout en faisant connaître quelle est la véracité de cet historien anonyme, préviendra sans doute bien des recherches inutiles. Gilles Corrozet, dans son *Cathalogue des cités assises ès-trois Gaules*, est d'une imagination tout aussi riche et tout aussi heureuse.

7ᵉ LIASSE. — *Manuscrit sur le Vimeu et le Ponthieu.*

Notes topographiques sur le comté de Dommartin.

Notes historiques sur Breteuil, Quierzy, Beaumont-sur-Oise.

Dictionnaire latin-français des noms de villages de Picardie (1).

8ᵉ PAQUET.

1ᵣᵉ, 2ᵉ et 3ᵉ LIASSES. — *Histoire de la ville et comté de Corbie,* par Dom Grenier.—Cet ouvrage, en trois volumes, est le seul qui ait été terminé sur une échelle aussi étendue. Soutenu, dans cette généreuse entreprise, par l'ardeur d'un patriotisme encore plus vif et plus profond cette fois, puisque Corbie lui avait donné le jour, Dom Grenier a observé, sous toutes ses phases, l'existence politique et spirituelle de cette célèbre abbaye. Les révolutions successives qu'elle subit dans son administration, comme dans ses prérogatives, ses rapports avec la commune, la part qu'elle prit au mouvement des croisades, et avant tout cela, les luttes fréquentes qu'elle soutint pendant l'invasion des Normands, ont été, de la part de l'auteur, l'objet de profondes recherches ; aussi a-t-il traité ces divers épisodes avec la précision et l'exactitude du chroniqueur impartial. Cependant, malgré toute notre admiration pour ce savant bénédictin, nous l'avouons, on ne trouve point dans cet immense travail, cette sagacité, cet esprit d'analyse et de pénétration qui donne tant de charmes aux travaux de quelques historiens modernes. Dom Grenier, dans cette monographie, a été d'une fidélité scrupuleuse sur les dates, sur les événements qu'il décrit ; mais quant aux causes premières, quant aux principes dont ils n'ont été que la conséquence né-

(1) La bibliothèque impériale de Vienne, possède aussi un alphabet topographique de la Basse-Picardie. Voir une Notice bibliographique de M. le baron de Reiffemberg, insérée dans le tome II, des Bulletins de la Commission royale d'histoire en Belgique, p. 360.

cessaire et forcée, il garde le plus profond silence. Il est vrai
que notre exigence, à son égard, ne peut être justifiée que
par l'impulsion toute nouvelle que les Chateaubriand, les Mi-
chelet, les Thierry ont donnée depuis vingt ans aux études
historiques.

5e LIASSE. — *Histoire de Saint-Médard de Soissons.* —
Sans nom d'auteur.

*Pièces diverses relatives au comté de Clermont en
Beauvoisis, à Saint-Corneille de Compiègne.*

*Provinciaux ou livres des rois et hérauts d'armes du
comté de Ponthieu.*

*Observations sur Bibrax, ville en Picardie, sous les
Romains.*

*Charte de 1300, tirée des archives de l'abbaye de Bre-
teuil.*

*Entrée des rois de France dans Péronne, et d'autres
nobles seigneurs.* — Extrait des archives de l'hôtel-de-ville
de Péronne.

*Relation de l'entrée d'Henry IV à Abbeville, le 13 dé-
cembre* 1594. — Ce récit est tiré du portefeuille troisième de
Dom Mongé ; il est, nous n'oserions dire enrichi, mais plutôt accompagné de plusieurs dessins, représentant des arcs
de triomphe, dressés pour cette cérémonie.

Relation du mariage du roi Louis XI à Abbeville. —
Extrait de l'histoire des choses mémorables des règnes de
Louis XII et de François Ier, par Robert de la Marck, sei-
gneur de Fleuranges, maréchal de France (1).

(1) Cette chronique rédigée, pendant sa captivité au château de l'E-
cluse, en 1526, a été publiée par l'abbé Lambert, avec des notes historiques et critiques, Paris, 1753, in-12.

9e PAQUET.

Une seule liasse de ce paquet a pu nous être remise ; c'est celle qui porte le n° 2. Toutes les recherches faites par le garçon de salle, spécialement chargé de nous communiquer toute cette collection de Dom Grenier, ont été infructueuses. Moins heureux dans cette circonstance que dans tant d'autres, il n'a même pu retrouver quelque note, quelque bulletin qui nous fît connaître ce qu'avait autrefois renfermé ce paquet.

Dans cette seconde liasse, nous avons trouvé :

Dénombrement des fiefs de Crécy en Ponthieu ;

Notes relatives aux seigneurs de Demuin, de Daours, de Cerisy ;

Dix-sept exemplaires de la *Notice historique de Picardie,* par Dom Grenier.

10e PAQUET.

1re Liasse. — *Catalogue des manuscrits et imprimés à consulter pour l'histoire de Picardie,* par Dom Grenier.— Petit volume cartonné.

Catalogue des manuscrits de Saint-Germain-des-Prés, à consulter pour l'histoire de Picardie.

Extrait de plusieurs cartulaires de Corbie et de l'abbaye de Saint-Bertin.

Extraits de quelques cartulaires de Beauvais et de Compiègne.

Inventaire des chartes de l'abbaye de Saint-Vincent de Laon.

Inventaire des titres de Soissons et de Saint-Médard.

Catalogue des titres du prieuré de Wariville.

Inventaire des titres et manuscrits de l'abbaye d'Igny, entre Reims et Fère en Tardenois.

Extrait des registres du parlement de Paris, en 16 cahiers in-fol. — Plusieurs de ces cahiers ont rapport à l'histoire de quelques abbayes de Picardie.

2ᵉ LIASSE. — Un gros manuscrit intitulé : *Extrait du 7ᵉ tome de Dom Bouquet, concernant l'histoire de Picardie.*

Division de la Picardie, ancienne et moderne, tirée des tables géographiques de Sanson (1).

Autre division ecclésiastique et militaire.

Histoire de Soissons, avant Jules-César, jusqu'à 1738. —MSS. de 106 pages, in-4°.

Récit de l'entrée de son éminence le cardinal de Luygnes, archevêque de Sens, abbé et comte de Corbie, dans l'abbaye de ce nom.

Division de la Picardie, par Adrien de Valois (2).

3ᵉ LIASSE. — Son contenu est entièrement étranger à l'histoire de cette province.

4ᵉ LIASSE. — *Vita Beati Godefridi Ambianensium episcopi, prout scripta exstat in bibliothecâ Rubeæ-Vallis (vulgò Rodecloster) propè Bruxellas ordinis canon. regularium Sancti Augustini per Joan. Gillimaus ejusdam quondam Cænobii superiorem.*

Nous avons trouvé dans cette liasse, plusieurs autres ma-

(1) Nicolas Sanson et Guillaume Sanson, son fils, ont tous deux publié des Tables géographiques des divisions de la France, le premier en 1644 et le second en 1663, Paris.

(2) V. *Notitia Galliarum* vᵒ *Picardia,* Paris, 1675, in-fol.

nuscrits sur le même sujet, et diverses notes sur quelques autres saints, originaires de Picardie.

5e LIASSE. — *Inventaire des reliques de plusieurs abbayes de Picardie.* —Celui de l'abbaye de Corbie est le plus étendu.

Description historique des monuments et reliques remarquables, qui sont en l'abbaye royale de St-Corneille de Compiègne. — Imprimé.

Manuscrit traictant des sainctes relliques et vaisseaux sacrés, qui se gardent en l'église royale du monastère de Compiègne.

Inventaire des croix, livres et autres rares et précieux meubles, qui se gardent au thrésor de l'église de Compiègne.

Inventaire des reliques de l'abbaye d'Ourscamp et de celle de Saint-Vincent de Laon.

Estat de toutes les fondations que l'église et paroisse de Montdidier est obligée de faire acquitter, y compris celles qui ont esté réduites par sentence de monsieur l'official d'Amiens, du vingt et un janvier mil sept cent deux.

6e LIASSE. — *Extrait du registre aux délibérations de la ville de Noyon.*

Etat des comptes de cette ville.

7e LIASSE. — *Table à consulter pour les manuscrits de M. de Léperon,* rédigée par Dom Grenier. —Ces MSS. font aujourd'hui partie de cette collection. V. le 17e paquet.

Généalogie de la maison de Gand, d'où sont sortis les comtes de Guynes et les seigneurs de Coucy. —Petit cahier de 20 pages.

Plusieurs manuscrits sur Noyon. — Sous ce titre, nous désignons des matériaux nombreux et intéressants à consulter pour l'histoire de cette ville.

Acta Sanctorum Fusciani, Victorici et Gentiani, martyrium, anno 287. — Ces actes sont à peu près les mêmes que Dom Bosquet a fait imprimer dans son Histoire de l'Eglise gallicane (1).

Extrait des antiquités de Breteuil, en 1594, par Du Cange.

Plusieurs notes et extraits concernant l'histoire d'Amiens. — Ces documents sont très-curieux, et la plupart de la main de D. Grenier. Nous en extrayons la pièce suivante, qui peint l'affreuse famine dont la ville d'Amiens fut ravagée en 1438. Comme on le remarquera, son style, empreint du caractère littéraire de l'époque, lui imprime un cachet d'authenticité incontestable.

> L'an mil quatre cens trente huit
> Maint se couchèrent le ventre vuyt,
> Quant à Amyens sans riens rabbattre
> Valloit un pain choncq sou et quatre,
> Et qui voulloit avoir plus blancq
> C'estoit les trois dix-sept sou ;
> Chascun n'en avoit mie sen sou,
> Le tems . . . . . . (*illisible*).

> Eust le peuple grant povreté
> En maint autre ville qu'Amyens,
> Mouroye les gens sur les fiens
> Dont c'estoit une pitié ;
> Dieu voelle avoir de aeulx pitié
> Et les coucher en paradis
> Ou il est et sera tout dis.

(1) Paris, 1636, partie deuxième, p. 156 et suiv.

Et ayt doulcement mercy
De bled que on mangeoit en ce tems
Valloit la somme de quinze francs
Et est aouroit bonne monnoye
Maint bons wagies et mainte corroye
Comment vendre et en wagier
Pour avoir du pain à mangier.

Relation des événements curieux arrivés à Amiens depuis 1519 jusqu'en 1615. — Ce récit rappelle un trait de hardiesse de la part d'un ligueur, que plus d'une personne révoquera en doute. « Le 15 octobre 1593, un Suisse des « gardes du duc d'Aumale, monta pour la deuxième fois au « haut de la flèche du clocher de Nostre-Dame, son espée « au costé; estant dessus la croix, il prend le cocq, le tire « hors du pivôt, le remest, se pend par les pieds, ses bras « étendus en croix, sa teste en bas, se redresse sur les croi- « sillons, tire son espée, la flamboye à deux mains, puis « descend en bas. » Pour rendre vraisemblable cependant un tel exemple de gymnastique, il suffirait de rappeler une ascension de la même nature, et que nous avons vu s'accomplir sous nos yeux. Il y a quelques années, un ouvrier, travaillant à la pose des paratonnerres sur la cathédrale d'Amiens, monta le long de la flèche, à l'aide des crampons de fer fixés sur la charpente; arrivé au sommet, il se mit à cheval sur le coq, décrocha de son dos un archet et un violon qu'il y portait suspendus, et tira, de cet instrument, des sons plus ou moins harmonieux. Trouverait-on dans ce trait, moins de courage, de hardiesse, ou pour trancher le mot, moins de folie, parcequ'en 1834, le clocher de Notre-Dame d'Amiens avait, en moins de hauteur, 5 mètres 84 centimètres (18 pieds) qu'en 1593 !

Mémoire sur les antiquités trouvées en Picardie.

11ᵉ PAQUET.

Il ne renferme que des mémoires imprimés peu curieux ;
la plupart sont relatifs à quelques procès que diverses abbayes
soutinrent entre elles. Un gros cahier, faisant également
partie de ce paquet, contient les édits du roi et les arrêts du
parlement, sur quelques questions de droit que lui avaient
soumises ces mêmes abbayes. En somme, ce paquet offre trop
peu d'intérêt pour que nous en donnions un inventaire plus
détaillé.

12ᵉ PAQUET.

1ʳᵉ LIASSE. — *Extrait des registres aux chartes du bureau des finances d'Amiens.* — Vol. in-4° de plus de 600
pages, relié en parchemin. Il a été communiqué à Dom Caffiaux, par M. de la Cardonnay, seigneur de Lanchères, près
de Saint-Valery-sur-Somme.

2ᵉ LIASSE.... renferme quatre années complètes du Journal
des affiches de Picardie, Artois et Soissonnois ; ce sont les
années 1770, 1776, 1777 et 1780.

3ᵉ LIASSE..... contient les années 1771, 1772, 1773 et 1778
du même Journal.

4ᵉ LIASSE..... manque.

5ᵉ LIASSE. — *Pouillé du diocèse d'Amiens, ou inventaire
de toutes les chartes, titres et monuments des archives de
l'évêché d'Amiens.*

Pouillé du diocèse de Beauvais.

Id. du diocèse de Boulogne.

Id. du diocèse de Saint-Omer.

Id. du chapitre d'Amiens, en 1301.

Carte et pouillé du diocèse de Noyon.

Le pouillé des bénéfices et capelles de tout l'évêché de Noyon, en 1596.

Déclaration du temporel de l'abbaye d'Ourscamp. — Pièces originales de 1640.

Catalogue des bénéfices dépendants des abbayes de Saint-Lucien, Saint-Symphorien, Saint-Germer, Saint-Paul de Saint-Benoît, au diocèse de Beauvais.

Pouillé de l'abbaye de Corbie.

Notes sur les officiales claustrarii *de l'abbaye de Corbie.* —Ces officiers claustraux étaient au nombre de sept; *præpositus, cellarius, camerarius, thesaurarius, hospitalarius, infirmarius et elemosinarius* (1).

Pouillé du diocèse de Laon, en 1768.

Inventaire des titres du diocèse de Soissons, en 1756.

6° LIASSE. — *Recueil de dissertations sur divers points de droit public des Français, extraites de divers auteurs.*

Un Traité (en latin) de advocatis, defensoribus et vicedominis, par Dom Bastide, MSS. relié.

Charte par laquelle Philippe-Auguste prie l'abbé de Corbie de donner cours, dans sa ville, à sa monnaie, sauf néanmoins le droit de l'abbaye.

Ce qui fait toute la richesse de cette liasse, c'est bien moins cette première partie entièrement rédigée, que la seconde, dans laquelle se trouvent renfermées des notes du plus grand intérêt pour l'histoire des mœurs et usages singuliers de la Picardie. Elles concernent *les plaids et gieux des Picards*

(1) Voir les Annales des bénédictins, t. III, p. 277.

sous l'ormel (1), *le jeu de la cheole* (2), *les rebus de Picardie* (3), *et la compagnie des arquebusiers et arbalétriers de Corbie.*

Tous ces documents seraient d'une utilité incontestable à
qui voudrait entreprendre l'esquisse de la civilisation de notre
province pendant les XIIe, XIIIe et XIVe siècles, à cette épo-

(1) Ces plaids d'amour, dit Fontenelle, et ces gieux sous l'ormel
étaient (aux XIIe et XIIIe siècles), des assemblées de gentilshommes et
de dames qui s'exerçoient à la courtoisie et gentillesse, et décidoient,
avec de certaines formes et avec autorité, les questions galantes qui
étoient portées à leur tribunal. Voir son Histoire du Théâtre français,
t. III de ses œuvres, p. 21, Paris, 1758.

(2) D'après Dom Grenier, le jeu de la cheole avait, chez nous, quelque
rapport avec le jeu de la balle en usage chez les grecs ; il n'en différait
qu'en ce que celui-ci se faisait à cheval, tandis que l'autre avait toujours
lieu à pied.

(3) Les rebus de Picardie, dit Dom Grenier dans cette note, étaient
ainsi appelés à cause qu'anciennement, les clercs de la Basoche faisaient
tous les ans au carnaval certains libelles qu'ils appelaient, *de rebus
quæ geruntur*, lesquels ils jetoient par toutes les rues, étant dans un
tombereau, dans lequel ils se faisoient trainer. — Cet ainsi que l'origine
de cette littérature satirique a déjà été expliquée par plusieurs savants,
entre autres par M. C. Leber, dans son Introduction sur le personnage
de fou, p. xcxiii. Son opinion acquiert ainsi un nouveau crédit par le
rapprochement de celle de Dom Grenier dont il n'a pu consulter les
MSS., parce que, nous pouvons le dire sans présomption, il n'en connaissait point le contenu.

La bibliothèque du roi possède deux manuscrits enluminés, du XVe
siècle, ayant pour étiquettes : *Rebus de Picardie ;* l'un porte le n° 7,618
et l'autre 10,278. M. Rigollot les a expliqués avec cette érudition et cette
sagacité qui le caractérisent, dans son Histoire des monnaies des Innocents et des fons, etc. ; p. 191 et suiv.

que si originale et si peu connue de notre existence politique. Cette étude des mœurs et des usages singuliers observés alors, et qui se lierait intimement à celle du droit coutumier dont elle est le principe et la cause, est maintenant d'autant plus facile que les premiers matériaux sont déjà réunis. Puissent-ils ne l'avoir pas été en vain !

13ᵉ PAQUET.

1ʳᵉ LIASSE. — *Mémoire généalogique sur plusieurs familles du comté de Ponthieu et des environs, tirez de plusieurs autheurs, titres et registres rangez par ordre alphabétique.* — Gros vol. in-fol. MSS. de 354 pages. Très-curieux.

Estat des fiefs et seigneuries du comté de Ponthieu, tenus du roy à cause dudit comté et des arrières fiefs mouvans d'icelui comté, médiatement avec les noms des possesseurs desdits fiefs et arrière fiefs, en 1703.

Observations des estats de la province d'Artois sur les dispositions des arrêts des 23 mars 1766 et 3 avril 1767, concernant les maisons religieuses du royaume.

2ᵉ LIASSE. — *Placet au roi, par lequel les maire et échevins de la commune d'Amiens réclament le commandement de cette ville, en l'absence du comte de Mailly.*

Mémoires imprimés concernant la Picardie. — Ils ont trait à des contestations sur des droits de propriété entre des abbayes et quelques communes.

3ᵉ LIASSE. — *Mémoire sur la province de Picardie,* par M. Bignon, intendant, en 1698. — In-fol.

Mémoire sur la province d'Artois, par M. Bignon. —
In-fol.

4ᵉ LIASSE. — *Livre des diverses demeures et palais des
rois en Picardie.* — Cette partie n'est pas rédigée ; elle renferme seulement un grand nombre de notes écrites toutes par
Dom Grenier, sur des feuilles détachées, et extraites, en
grande partie, de Mabillon. Le chiffre 2 que nous avons remarqué sur la cote qui les réunit, fait présumer nécessai-
rement l'absence d'une première ; et celle-ci, sans doute,
renfermait un travail complet sur cette intéressante matière.
Qu'est devenue cette cote ? Malheusement ce n'est pas la seule
perte que nous ayons à déplorer.

5ᵉ LIASSE. — *Collection de chartes copiées sur les originaux, et relatives à la Picardie.*

*Chartes concernant le cimetière de l'abbaye de Saint-
Jean,* le premier construit dans l'enceinte de la ville de Laon,
en 1145.

*Bulle du pape Alexandre IV, du 27 septembre 1255,
par laquelle il déclare l'abbé de Corbie conservateur
apostolique de l'abbaye de Notre-Dame de Soissons.*

*Lettre du 18 mars 1330, par laquelle Philippe de Va-
lois fixe les heures de travail des vignerons et laboureurs
de Senlis.* — Ecrite en français, et curieuse sous le rapport
du style.

*Pièces rédigées par les notaires royaux du bailliage
d'Amiens, et concernant la reprise de possession de la
Picardie par Louis XI, sur le duc de Bourgogne.*—Elles
ont été collationnées sur l'original, le 3 août 1547.

Pièces diverses relatives à la ville de Laon.

14ᵉ PAQUET (1).

1ʳᵉ Liasse.—*Extrait d'un obituaire de l'église d'Amiens de la bibliothèque du roi, sur la fin du XIIᵉ et au commencement du XIIIᵉ siècle.*

Postérité de Guillaume Pingré, originaire d'Amiens, et de Marie Louvencourt sa femme.

Extrait du Thesaurus novus anecdotorum, *de D. Martène et Durand, pour l'histoire de la généralité de Picardie.* — Tout le mérite de ce manuscrit, est de faciliter les recherches de tout genre que l'on aurait à faire sur l'histoire de cette province, dans un ouvrage aussi étendu que celui de ces deux bénédictins.

Relation des joûtes données à Amiens, par les chevaliers Erart et Henry de Sussey, gentilshommes du comté d'Étampes. — Ce spectacle magnifique, auquel assistait un grand nombre de seigneurs, eut lieu le 23 avril 1460.

Notes sur les états-généraux de Picardie, tenus à Abbeville le 4 novembre 1463. — Les députés d'Amiens, qui y assistèrent, reçurent l'ordre de lever un nouvel impôt sur la ville.

Mémoire de MM. les curés d'Amiens, et observations sur l'usage de la soupe au riz.—Sans date. Les riches étant écrasés par l'entretien des six mille pauvres de la ville, MM. les curés proposent un autre régime alimentaire, qui diminuerait la dépense de 6750 livres.

Cette liasse renferme en outre un certain nombre de feuilles détachées concernant l'histoire des Morins, de l'abbaye de

(1) Il est intitulé dans cette collection : Portefeuille de Dom Mongé·

Valoires, du Marquenterre, de l'abbaye de Forestmontier,
d'Auxi-le-Château, de Doullens, de Crécy en Ponthieu, de
Saint-Riquier, du Crotoy, de Rue, de Noyelle-sur-Mer.
L'intérêt que présentent tous ces documents, dus à des recherches laborieuses et à une lecture immense, ne permet
pas d'avoir égard à l'état de désordre complet dans lequel ils
nous ont été communiqués.

*Mémoire pour l'histoire générale de la province de Pi-
cardie, contenant une histoire abrégée de l'Amiénois, la
suite et les principales actions des comtes d'Amiens, depuis Jésus-Christ jusqu'à Philippe-Auguste, tiré des
chartes de la province.* — Gros cahier in-fol. de 140
pages.

Histoire du siège de Corbie, par Louis XIII.

2ᵉ LIASSE..... manque.

3ᵉ LIASSE. — *Manuscrit sur l'histoire d'Abbeville.* —
Cahier de plus de 100 pages, mais incomplet.

Histoire de Montdidier, écrite en 1743, par M. Seillier.

*Extrait de plusieurs titres ou observations communi-
quées par M. Godard de Beaulieu, fils de celui qui a été
maire perpétuel d'Abbeville, et qui a recueilli quantité
de pièces, sur l'histoire de cette ville.*

Extrait concernant la châtellenie de Péronne.

*Table des auteurs qui ont parlé de la ville d'Amiens et
de ses évêques, dont il faut voir l'endroit pour en faire
l'Histoire.* — Cette table a été dressée par Du Cange, et se
trouve à la fin de son Histoire des Comtes d'Amiens (1).

(1) V. la copie conservée à la bibliothèque communale d'Amiens nº 400
du catal., et prise sur l'original appartenant à la bibliothèque du roi.

Autre par ordre alphabétique.

Extrait du registre 38 des manuscrits de M. Dupuis, communiqué le plus gracieusement par monseigneur Joli de Fleury, procureur-général. — Cahier de 100 pages, concernant la Picardie.

Addition à la chronique de Caulincourt, qui va jusque l'an 1529 , *sous Philippe de la Chambre,* relative à l'abbaye de Corbie.

Extrait du cartulaire des religieux Célestins d'Amiens. Suite des fiefs en dépendants.

Extrait de l'abbaye de Saint-Pierre de Sélincourt.

4ᵉ LIASSE. — *Extrait de l'histoire ou chronique de Cambrai et d'Arras, par Balderic, évêque de Noyon, avec des notes de George Colvenère,* en 1615 (1). — Cahier de 32 pages.

Mémoire touchant les droits de l'Eglise d'Amiens, sur la terre de Beaugency.

Notes sur le prieuré de Notre-Dame de Montdidier.

Réglement fait à Corbie par Louis VII, en 1172, *entre la commune et l'abbaye.* — Tiré d'un cartulaire de Philippe-Auguste, conservé à la bibliothèque royale ; fol. 80.

Documents sur les assemblées tenues à Amiens, où Saint Louis jugea le roi d'Angleterre et les barons de ce royaume, sur les démêlés qu'ils avaient ensemble en 1264. — Extraits de Rymer.

Lettre de Pas, sous un scel de capitaine, accordé à

(1) La Chronique de Cambrai, avec les notes de Colvenère, a été publiée à Douai, 1615, in-8º. Cet annotateur l'attribue à Baudri, évêque de Noyon et de Tournay.

Jean de Harcourt, évêque d'Amiens, Christophe de Harcourt, etc., le 14 juin 1422 ; elle est ainsi conçue :

« Nous, Jacques de Harcourt, seigneur de Montgomy
« (Montgommery) et Noielle sur mer, lieutenant général pour
« le Roy Monsieur le Regent au pais de Picardie, faisons
« savoir à tous capitaines de gens d'armes et de tret, gardes
« de bonnes villes, chasteaux, forteresses, pons, port, pas-
« saiges et autres destrois, que nous avons donné et oc-
« troié, donnons et octroyons par ces présentes bon, sûr et
« loyal sauf conduit par terre ou par eaue à reverend père
« en Dieu nostre cher et trez amé frere, Jean de Harcourt,
« évêque d'Amiens, monsieur Huc de Launoy, Xphe de
« Harcourt, et Jacques, au nombre de trente hommes à
« cheval ou à piet en leur compaignie ou au-dessous à durer
« l'espace de trois septmaines à compter de la date de ces
« présentes, et pour, par eulx et chascun d'eulx, venir par
« devers nous jusques au dehors de la ville et chastel du
« Crotoy, et au plus près d'illui, et de le retourner, ou bon
« leur semblera, de jour ou de nuict, à pied et à cheval,
« seurement et sauvement ; si donnons en mandement de par
« le Roy et mondit sieur le Regent, à tous ceux capitaines de
« gens d'armes et de tret, gardes de bonnes villes, chasteaux,
« forteresses, pons, port, paroisses et autres destrois, que
« nostre dit frere Jean de Harcourt, monsieur Hue de Lannoy,
« Xphe de Harcourt et Jacques, souffrent et laissent aller,
« venir, passer et séjourner aux lieux devant dis. Donné au
« Crotoy souls nostre scel, le quatorzième jour de juin l'an
« 1422 (1). »

(1) On sait dans quelles circonstances ce sauf conduit fut accordé ; la nouvelle défection de Jacques de Harcourt ayant gravement compromis

Recherches sur l'antiquité d'Abbeville, par Nicolas Sanson (1).

Table des auteurs qui ont parlé de la ville d'Amiens et de ses évêques.—Copiée sur l'Histoire des Comtes d'Amiens. par Du Cange.

5° Liasse. —*Livre de la coutume de Boves.*

Catalogue et copie des bulles accordées aux religieuses de Berthaucourt. — Forte cote.

Mémoire où il est dit que l'abbaye de Saint-Valery n'est pas de fondation royale.

Lettre de fondation, en 1100 *, du prieuré de St-Pierre d'Abbeville, par Guy, comte de Ponthieu, et Adèle, sa femme.* — Copiée sur l'original.

le parti du duc de Bourgogne , celui-ci joignit au héraut, envoyé par Henri V, roi d'Angleterre, pour le sommer de déposer les armes , trois ambassadeurs qui devaient lui rappeler leur longue et bonne intelligence; c'étaient l'évêque de Beauvais, le maître des arbalétriers Delaunay et l'évêque d'Amiens, frère de d'Harcourt. Jacques les repoussa, quelque chose qu'on pût lui dire. V. une Notice sur messire Jacques de Harcourt, par Emman. Gaillard, insérée dans la Revue anglo-francaise, publiée par M. de la Fontenelle de la Vaudoré , livraison de septembre 1834, p. 163.

La mission que remplit , dans cette ambassade, Jean de Harcourt, pourrait bien jeter quelque doute sur sa grande fidélité envers Charles VI, si déjà nous ne savions qu'aux obsèques du duc de Bourgogne, dans l'église de St.-Vast d'Arras, ce fut l'évêque d'Amiens qui célébra l'office. M. Gilbert, Histoire de la cathédrale d'Amiens, p. 342 , nous paraît donc être dans l'erreur lorsqu'il soutient que ce prélat était très-dévoué à la conronne de France. Il eût été plus vrai de dire, qu'il se rangea sous l'étendard de Charles VI, chaque fois qu'il avait quitté celui des Bourguignons ou des Anglais.

(1) Publié en 1638 , in-8°.

6° LIASSE. — *Biographie des abbés de Saint-Riquier.* — Tirée d'auteurs anciens. MSS. très-curieux.

Biographie des premiers abbés de Corbie. — Tirée d'auteurs contemporains.

Biographie des abbés de Saint-Quentin.

Vie des abbés de Saint-Vincent de Laon.

Histoire des abbés de Saint-Médard de Soissons.

Notes diverses concernant les comptes de l'hôtel-de-ville d'Amiens, les mœurs, coutumes, usages singuliers, etc., de cette ville.

7° LIASSE. — *Extrait des archives du bailliage d'Amiens.* — MSS de 451 pages, relié. Il renferme les coutumes locales de chaque commune ressortissant de ce bailliage ; à ce titre, très-curieux.

8° LIASSE. — *Extrait d'un registre aux délibérations de l'hôtel-de-ville d'Amiens, commençant en 1406, et finissant en 1410.* — MSS. relié, de 380 pages.

7° LIASSE. — *Extrait du plus ancien cartulaire de l'evesché d'Amiens, à ce qu'il paroît d'après le titre : Repertoire à cest present cartulaire touchant la ville et communité d'Amiens, et monseigneur l'evesque.* — MSS. relié de 500 pages; il est terminé par un *Extrait du livre rouge de Rue.*

15° PAQUET.

1re LIASSE. — *Chronique de France de 1437 à 1472,* par Maupoint (1). — Ce MSS. a été copié en 1771, par un chanoine régulier de Saint-Augustin.

(1) D'après Fontette, Bibliothèque historique, n° 18,329, cette chronique, bien que commençant en 1437, serait cependant intitulée Histoire de Louis XI ; elle a été conservée dans la bibliothèque du prince de Condé, et on l'attribue à Claude Maupoint.

2° LIASSE. — *Registre de l'hôtel-de ville d'Amiens, coté D, escript par le commandement du roy Charles V, qui commença à régner l'an mille trois cent soixante-quatre* (1).

Lettres et comptes de Ponthieu. — Extraits d'un registre du bureau des finances d'Amiens.

3° LIASSE. — *Pièces concernant l'abbaye de Femy en Thierache,* remontant à 1107, et allant jusqu'en 1237. — Cahier de 88 pages, petit in-fol.

Extrait des archives de M. le marquis de Lameth, au château d'Henencourt, par Dom Caffiaux, fait en 1761. — Cet inventaire, qui fait remonter ces archives jusqu'à 1096, contient l'histoire généalogique de cette maison, et le dépouillement des chartes, titres, et autres monuments écrits dont elles se composaient.

Extrait des archives de M. le marquis de Rumes, à Bezieu en Santerre, par Dom Caffiaux ; fait en 1757. — Il ne remonte pas au-delà de 1478.

Monuments de l'église paroissiale de Saint-Martin de Bezieu.

Pouillé des archives de M. Rivrey, lieutenant particulier du bailliage d'Amiens, concernant Philippe Morel, maïeur de la ville de Péronne.

(1) L'original de ce registre est encore conservé aujourd'hui aux archives de la mairie d'Amiens ; il renferme plusieurs lettres d'Edouard IV à Philippe de Valois, dans lesquelles se trouve déterminé le cérémonial à suivre pour l'hommage que le prince anglais devait aux rois de France, à cause de la cession de l'Agenois faite à Henri III d'Angleterre, par Louis IX, en 1269. Voir un rapport fait au Ministre de l'Instruction Publique sur les archives de l'arrondissement d'Amiens, par MM. Rigollot et Dusevel, p. 9.

Extrait des archives de M. de Bazentin, de 1547 *à* 1757, par Dom Caffiaux.

4° LIASSE. — *Biographie des hommes illustres de Picardie.*

Plusieurs cotes relatives aux hommes célèbres, originaires d'Abbeville.

Le Portus Icius de César, démontré à Boulogne, par Nicolas Sanson d'Abbeville. — Extrait d'un MSS. de Du Cange, de la bibliothèque royale, n° 10295.

Biographie du père Ignace d'Abbeville.

Quelques notes sur les hommes remarquables de Saint-Riquier, Ardres, Calais.

5° LIASSE.—*Biographie des hommes illustres de Picardie,* par Dom Grenier —Ce travail se compose de 25 cotes dans lesquelles sont distribués les notices et bulletins biographiques; ils sont classés par ordre alphabétique des villes, dont ces hommes illustres sont originaires.

6° LIASSE. — *Nomenclature des grands hommes de Picardie, dont les articles sont faits,* par Dom Grenier. — Divisée par bailliage.

7° LIASSE.—*Extrait de l'Histoire des Comtes d'Amiens,* par Du Cange, avec les notes critiques de Dom Mongé.

Sommaire des recherches à faire dans le Gallia Christiana, *pour l'Histoire de Picardie.*

Catalogue des pièces à consulter dans les archives de l'hôtel-de-ville d'Abbeville.

Index de quelques actes ou chartes de Philippe-Auguste, qui peuvent ne pas se trouver dans les registres de la bibliothèque du roy ou du thrésor des chartes, et qui sont maintenant dans les mains de M. Henri.

Plusieurs sommaires d'auteurs à consulter pour l'Histoire de la Picardie.

Table des pièces justificatives de l'Histoire de Corbie.

16ᵉ PAQUET.

1ʳᵉ Liasse.—*Table alphabétique des lieux de Picardie, et projet de carte topographique de cette province.*

2ᵉ Liasse. — *Notes sur les comtes de Ribemont.*

Vue de la ville de Gravelines, prise à vol d'oiseau. — Gravée.

Documents pour l'Histoire de Ham, de son château, de ses seigneurs. — Très-curieux.

Mémoire pour l'Histoire ecclésiastique et civile de St.-Valery-sur-Somme.

Histoire des seigneurs de Saint-Valery-sur-Somme. — Cahier volumineux.

Copie du livre aux chartes de la ville de Saint-Valery, commençant en l'année 1372, sous le nom de *Livre noir.* — Cahier de 40 pages.

Chartes de Lihons en Sangterre.

Histoire de Nesle et généalogie de cette maison. — Sous ce titre, nous classons une foule de notes précieuses disséminées dans toute cette cote, et relatives à cette famille.

Chartes émanées des seigneurs de Poix, et leur généalogie.

Documents historiques sur Lillers (près de Thérouane), *sur Lisques* (dans le Boulonnois), *sur Montcornet* en Thiérache.

3ᵉ Liasse. — *Matériaux pour l'histoire de Péronne, et notes biographiques pour l'ancienne famille des Grenier.*

4ᵉ Liasse. — *États des revenus de biens appartenants à l'église et fabrique de Montdidier.*

Extrait du livre rouge de Montdidier.

État des revenus et biens de la ville de Montdidier, en la présente année 1722.

Mémoire concernant la ville de Chauny. — En 2 cahiers.

5ᵉ Liasse. — *Collection de chartes et titres, concernant diverses villes de Picardie.* — Elle se compose de 11 cotes ou bulletins, dans lesquels sont rangées toutes les pièces copiées, pour la plupart, par Dom Grenier, et portant en tête l'indication des villes qu'elles concernent.

Voici le relevé des pièces renfermées dans chaque bulletin :

1° Laon,	50 pièces.	
2° id.	41 id.	
3° Amiens,	32 id.	(Dans ce bulletin se

trouvent plusieurs relations du mariage de la princesse Ingelburge.)

4° Noyon,	27 id.	
5° Compiègne,	24 id.	
6° Beauvais,	29 id.	
7° Soissons,	50 id.	
8° id.	33 id.	
9° Saint-Quentin,	24 id.	
10° Boulonnois et Artois,	26 id.	

6ᵉ Liasse. — *Histoire religieuse de la Picardie.* — Nous donnons ce titre à l'abrégé d'un MSS. intitulé : *Annales de l'ordre de Saint-Benoît,* et dont on a extrait tout ce qui concernait les abbayes de cette province.

7° LIASSE. — *Mémoire pour l'Histoire d'Amiens.* —Tiré de plusieurs registres aux chartes du bailliage d'Amiens, de 1505 à 1721.

Extrait d'un registre de l'hôtel-de-ville d'Amiens, de 1450 à 1716.

Extrait des registres aux chartes de l'élection d'A- miens, de 1510 à 1616.

Mémoire de quelques élus en l'élection d'Amiens.

Mémoire biographique par ordre alphabétique, con- cernant plusieurs familles de Picardie.

D'après une note inscrite sur le dos d'une cote de cette liasse, elle devait contenir d'autres mémoires aujourd'hui égarés; en voici les titres : 1° l'Histoire littéraire des Picards célèbres, par M. Esnault, à Paris; 2° les Écussons qui se trouvent dans l'abbaye royale du monastère de Corbie; 3° les Épitaphes qui se voient à Montdidier.

8° LIASSE. — *Catalogue alphabétique des ouvrages, extraits ou pièces, tant manuscrites qu'imprimées, que les historiens de Picardie ont entre les mains.*—Cote très- volumineuse. Ce manuscrit est, en quelque sorte, un in- ventaire incomplet, il est vrai, de toute la collection de Dom Grenier.

7° LIASSE — *Table chronologique et alphabétique des ouvrages concernant l'Histoire de Picardie.* —MSS. plein de lacunes; il est marqué tome II, ce qui donne à penser que celui formant la liasse préc.dente, serait le tome Ier.

10° LIASSE. — *Table alphabétique d'ouvrages, tant ma- nuscrits qu'imprimés, à consulter pour l'Histoire de Pi-*

cardie, tome III.—Cet ouvrage, en trois volumes, renferme quelques documents précieux pour la bibliographie de la province.

17ᵉ PAQUET (1).

Ayant pour titre : *Recueil de mémoires historiques et topographiques sur la Picardie.*

1ʳᵉ LIASSE. — *Histoire du Beauvoisis, de Breteuil, de Noyon, de Lihons, de Montreuil.*

2ᵉ LIASSE. — *Histoire de l'Amiénois et du Ponthieu.*

3ᵉ LIASSE. —*Histoire de l'élection de Montdidier,* tome Iᵉʳ.

4ᵉ LIASSE.—*Histoire de l'élection de Montdidier,* tome II.

5ᵉ LIASSE. — *Recueil de lois administratives en vigueur dans l'élection de Montdidier,* vers 1710 environ.

6ᵉ LIASSE, intitulée : MISCELLANEA. — *Histoire des palais royaux de Picardie,* extrait de la *De re Diplomaticâ* de Mabillon.

Extrait de l'histoire de M. Pillet, sur Gerberoy (2).

Histoire des vidames de Laon, d'Amiens et de Picquigny.

(1) Ce paquet consistant en 21 vol. in-4º reliés, forme ce que Fontette appelle, dans sa Bibliothèque historique, la Collection de M. de l'Eperon. Mais aujourd'hui elle est plus complète qu'à l'époque où il écrivait, puisqu'alors les deux premiers volumes étaient égarés. Le P. Daire parle beaucoup de ces manuscrits ; il nous dit ce que renferme chacun d'eux, et quel est l'intérêt qu'il présente comme original ou comme extrait. Voir son Histoire de Montdidier, p. 312.

(1) *L'Histoire du château et de la ville de Gerberoy de siècle en siècle,* a été publiée par Jean Pillet, chanoine de Gerberoy, en 1679, in-4º, Beauvais. V. Dictionnaire historique de Fontette, nº 34,921.

7° et 8° Liasses. — *Histoire de la Picardie en général,* en 3 vol. in-4°. — Dans le premier, l'auteur, M. de l'Eperon, a tracé avec une parfaite fidélité, l'état de cette province sous les Romains, son développement, sa civilisation, ses mœurs, et les événements historiques qui se sont accomplis sur son sol.

Le tome II renferme *l'Histoire de l'abbaye de Selincourt,* une *Notice sur Picquiguy et sur Grattepanche,* ou *Gratuspancium,* d'après l'auteur.

Une partie du tome III est consacrée à l'*Histoire physique de la Picardie,* et renferme la description de ses fleuves, de ses montagnes et des anciennes chaussées qui la traversaient. Dans ce volume, se trouve également l'histoire de Breteuil, tirée d'un ancien MSS.

10° Liasse. — *Biographie des grands hommes de Picardie.*

Vie des abbés de Corbie, des abbés de Saint-Riquier et des seigneurs de Ham..

11° Liasse. — *Mémoire sur le pays de Ponthieu au diocèse d'Amiens.* — MSS. volumineux.

Extrait des remarques d'histoire depuis 1610 *jusqu'en* 1637 (1).

Extrait du discours de l'antiquité, privilége et prérogatives du monastère de Lihons en Sangters (2).

(1) Les Remarques d'histoires ou Description chronologique des choses mémorables arrivées, tant en France qu'en pays étrangers, depuis l'an 1610 jusqu'en 1637, par Malingre de St.-Lazare, ont été publiées à Paris, en 1638, in-8°.

(2) Ce *Discours de l'antiquité, etc.,* écrit par Sébastien Rouillard, a paru à Paris, en 1627, in-4°.

Mémoire à nos seigneurs des comptes pour l'abbaye de Saint-Just.

12ᵉ LIASSE.—*Mémoires historiques concernant Amiens, Laon, Senlis, Saint-Riquier, Corbie et Roye.*

13ᵉ et 14ᵉ LIASSES. —*Extrait de l'Histoire de France du père Daniel,* concernant la Picardie.

15ᵉ LIASSE.—*Histoire des maisons illustres de Picardie,* tome Iᵉʳ.

16ᵉ LIASSE. —*Histoire des maisons illustres de Picardie,* tome II.

17ᵉ LIASSE. —*Histoire de la ville de Montdidier,* par un bénédictin de cette ville. — L'auteur cherche à prouver que Montdidier est l'ancien *Bratuspancium* dont parle César dans ses commentaires.

18ᵉ LIASSE. —*Nobiliaire de la Picardie.*

19ᵉ LIASSE. — *Mémoire sur la Picardie et l'Artois.* — Ces MSS. nous ont paru copiés sur ceux de M. Bignon, dont il a déjà été parlé.

20ᵉ LIASSE. — *Pouillé général de Picardie,* par diocèse.

21ᵉ LIASSE.—*Itinéraire de la Picardie.*—Dans ce MSS., l'auteur a fait le relevé de tous les chemins de cette province, et indiqué celui qu'il fallait prendre pour aller de tel point à tel autre. Ce court renseignement suffira sans doute pour dissuader de recherches infructueuses ceux qui espéreraient trouver, dans ce MSS., un travail complet sur les chemins romains, improprement appelés chaussées Brunehaut, et qui traversent la Picardie.

(1) Publiée à Paris, en 1756, en 17 vol. in-4º avec les Dissertations du P. Griffet.

18ᵉ PAQUET.

1ʳᵉ Liasse. — *Biographie des familles de Picardie.* —
Ce volume renferme la généalogie de celle de Agnicourt, St-
Aubin en Amiénois, Avesne, Aubigny, Applaincourt.

Topographie de Baizieu. — Dans cette cote, D. Grenier
a réuni tous les éléments nécessaires pour résoudre la question historique, que soulève l'emplacement de l'ancien château de ce nom. Quant à lui, il se prononce en faveur de
Baizieu, près de Corbie. « On y voit encore, dit-il, les fon-
« demens de cet ancien édifice, avec un ancien puits d'une
« grandeur extraordinaire. Ce village est entouré de plusieurs
« grands chemins. On voit, dans plusieurs monumens de
« l'histoire de France, que nos rois de la seconde race pre-
« naient le divertissement de la chasse dans les bois d'Heilly
« et de Baizieu. »

Généalogie de la famille de Betizy. — Forte cote.

2ᵉ Liasse. — *Généalogie de la famille de Longueval et
de celle de Flixecourt.*

Prospectus de la notice historique de Picardie, par D.
Grenier (1). — 15 exemplaires.

6ᵉ Liasse. — *Généalogie des familles de Querrieux et
de Rubempré,*

Prospectus de la notice historique de Picardie, par D.
Grenier. — 18 exemplaires.

7ᵉ Liasse. — *Généalogie de la maison de Saveuse et de
celle de Sarcus.*

(1) Ce Prospectus, dans lequel D. Grenier expose le plan de l'ouvrage
qu'il devait publier sur l'Histoire générale de Picardie, a paru à Paris,
en 1786, in-4° de vingt-trois pages.

Prospectus de la notice historique de Picardie, par D. Grenier. — 7 exemplaires.

8ᵉ Liasse. — *Généalogie des maisons de Vaux, de Vers, de Villers-Bretonneux et de Varennes.*

19ᵉ PAQUET.

1ʳᵉ Liasse. — *Mémoire contre l'érection de la Flandre en souveraineté particulière*, sous Louis XIV.

Armorial des nobles de Picardie, et particulièrement du Corbiois.

Mémoire sur la châtellenie de Corbie.

Généalogie des maisons d'Aubigny, d'Avesnes, de Boves, de Corbie, d'Encre, de Fouilloy, d'Estourmel, de Franvillers, d'Heilly, de Moreuil, de Saveuse, de Lameth-Henencourt.

2ᵉ Liasse. — *Généalogie de Bady, maison noble du Hainaut*

Généalogie de la maison du Chastelet. — Imprimé.

Généalogie de la maison de Claybrooke, dans le Cambrésis.

3ᵉ Liasse. — *Généalogie de la famille de Cardevac*, en Artois. — Cote volumineuse.

4ᵉ Liasse. — *Catalogue des abbés du monastère d'Eluen ou Saint-Amand, dans le diocèse de Tournay, avec la vie de saint Amand.*

Nomenclature de chartes copiées au chartrier de l'abbaye d'Arrouaise, en 1768.

Nomenclature des titres de l'abbaye de Vicogne.

Nomenclature des titres de l'abbaye de Notre-Dame de Flines, ordre de Cîteaux, dans le département du Nord.

Nomenclature des titres de l'abbaye de Saint-Vaast d'Arras.

Catalogue des titres de l'hôtel-de-ville d'Orchies.

Pouillé des archives de Saint-Pierre d'Halluin.

5ᵉ Liasse, intitulée : *Hommes illustres de Picardie.*

Précis de M. Granicourt, peintre, natif de Corbie.

Biographie de Charles Witasse, de Chauny, docteur en Sorbonne.

Vie de Jacques Rohault, philosophe cartésien.

Notes historiques sur Vincent Voiture.

Notice sur la fête de l'Indict, par M. Lemoine, avocat, archiviste de Corbie. — Imprimée en juin 1779 ; dans les affiches de Picardie.

Notice sur la vie de Dom Bouquet.

Vie de Guillaume de Gamaches, comte de Champagne, grand-veneur de France, gouverneur de Compiègne.

Catalogue des hommes de Picardie, illustres en littérature.

Notes biographiques sur Blasset.

Précis sur M. de Louvencourt (1).

Essai sur les manuscrits de Du Cange. — Imprimé.

Notes relatives à la confrérie de Saint-Sébastien de Corbie.

Dessein et projet de l'Histoire de Picardie, par Du Cange (2).

6° Liasse..... manque.

(1) Il était conseiller du roi, trésorier de France et général des finances en Picardie ; il occupa la place de maire d'Amiens de 1623 à 1624 : nous avons de lui plusieurs ouvrages de littérature.

(2) Voir le Journal des savants, décembre 1749.

7ᵉ Liasse. — *Dépouillement des historiens de France*, par Dom Grenier, pour l'histoire de Picardie.

Les chroniques des aventures depuis le tems de monsieur Sainct Loys, roy de France, par Pierre le Prestre, abbé de Saint-Riquier. — Extrait d'un MSS. de l'abbaye de Saint-Riquier.

Festes de l'ordre de la Toison d'or à Saint-Omer. — Très-curieux comme monument littéraire de l'époque.

Dépouillement d'historiens, par Pardessus.

1° *Picardie, Normandie, Champagne.* — Tel est le titre de cette cote; elle est extraite d'un MSS. in-fol. donné à la bibliothèque de St-Germain-des-Prés, par M. de Chauvelin.

2° *Vie de saint Bertin*, écrite par Folcard, moine de Sithiu, au XIᵉ siècle (1). — Extrait d'un MSS. de l'abbaye de St-Bertin.

Histoire des comtes de Guynes.

3° *Histoire ecclésiastique et temporelle de Beauvoisis.* — Curieux.

4° *Histoire de l'abbaye de Samer*, dans le Boulonois.

5° *Extrait d'un cartulaire de l'abbaye de St-Bertin.*

6° *Mémoire historique touchant la ville de Boulogne-sur-Mer, et le pays et comté de Boullonois*, portant la date de 1658.

7° *Chronique abrégée des faits depuis* 1400 *jusques à l'an* 1471. — Tiré d'un MSS. de l'abbaye de St-Bertin.

8° *Extraits de plusieurs auteurs imprimés, qui ont traité de l'histoire générale de France, et relatifs à l'histoire de Picardie.*

8° Liasse. — *Biographie de Pierre l'Hermite.* — Dans

(1) V. le tom. II des Act. des SS. de l'ordre de St. Benoît, p. 104.

cette cote, sont renfermées plusieurs notices historiques sur cet apôtre des croisades, et tirées de différents auteurs.

Tous les matériaux qui peuvent être nécessaires à la rédaction d'une histoire littéraire de la Picardie, se trouvent disséminés dans cette liasse, sur de petits carrés de papier, et dans le désordre le plus parfait. Outre toutes ces notes pleines d'intérêt, indiquant chacune un des ouvrages que l'on doit à notre province, il faut mentionner également un projet de travail assez étendu.

9° LIASSE..... manque.

10ᶜ LIASSE. — *Glossaire Celtique, Teudesque, Latin.* — MSS. très-volumineux et sans lacunes. Très-curieux.

Glossaire picard. — Même observation que sur la cote précédente.

Dans cette liasse, sont également renfermées quelques notes sur la formation de la langue française.

11° LIASSE. — *Vie du maréchal de Schulemberg, gouverneur d'Arras, sous Louis XIV* (1).— MSS. relié, sans nom d'auteur.

20ᶜ PAQUET.

1ʳᵉ LIASSE. — *Pièces justificatives de l'histoire de Picardie.*

Noms des députés de Picardie, aux états-généraux, tenus à Compiègne, en 1358.

Ordonnance de la ville d'Amiens, portant défense de jouer à mahon (2).

(1) Cette biographie est attribuée par Fontette à M. de Voignon, commandant de cavalerie sous ce maréchal. V. t. v, n° 31706 de sa Bibliothèque historique.

(2) Le mahonnage était un combat à coups de poing, que les enfants

Défense vigoureuse des hommes et des femmes de Beauvais, le 6 juillet 1472. — Tirée d'un compte de l'église de Beauvais.

Taxe levée par le roi des ribauds, à Noyon, sur une jeune fille (ancillâ). — En latin, et extraite des registres capitulaires de l'église de cette ville.

Ordonnance par laquelle le duc d'Orléans accorde un quartier aux maire et échevins de la ville de Chauny, pour y loger les fillettes communes et les folles femmes. — Tirée des archives de l'hôtel-de-ville de Chauny.

Calendrier à l'usage de l'abbaye de Corbie, intitulé : *Quod in unoquoque mense oportet usitare.* — Ce MSS. est, en quelque sorte, un traité d'hygiène indiquant jour par jour le régime que devaient suivre les moines de cette communauté, pour conserver la santé.

Lettre du comte de Clermont, pour corriger les abus du past de la fête de Saint-Arnoul. — Tiré du MSS. n° 9493 de la bibliothèque du roi, f° 116 v°.

Cérémonie du jugement de Dieu, à Soissons, en 1205. — Tiré d'un rituel de cette ville.

La fête des fous, dans l'église d'Amiens. — Tiré de trois ordinaires différents : l'un, de 1291 ; l'autre, de 1438 ; et le troisième, de 1520

se livraient sur les remparts, et dont toute la difficulté consistait à franchir la ligne séparative des deux camps. Lorsqu'un parti était sur le point de succomber, il était renforcé successivement par les jeunes gens et les hommes faits. Ce jeu, qui nous rappelle le boxeur d'outre-mer, était fort en vogue, à Amiens, au commencement du XVIe siècle ; mais comme il dégénérait souvent en rixes sanglantes, il fut interdit par une ordonnance du 28 janvier 1515. — Voir le P. Daire, Histoire littéraire d'Amiens, p. 439.

La fête des luminaribus, *dans l'église de Beauvais.* — Tiré d'un missel de Beauvais.

Office noté de la feste de l'âne, dans l'église cathédrale de Beauvais.

Feste des foux, dans l'église de Senlis, en 1403.

Epître farcie pour l'Epiphanie, à Laon. —Tiré du MSS. n° 444 du chapitre de cette ancienne cathédrale.

Feste du roy des coqs, à Senlis. — Tiré d'un registre capitulaire de cette ville.

Le roy des coqs à Péronne, en 1529. — Extrait des archives de l'église collégiale de Saint-Fursy.

Inscription du cierge paschal de la cathédrale d'Amiens, en 1660 — Tiré du recueil E de Du Cange, p. 359.

Inscription gravée sur le cierge paschal de Beauvais, en 1217.

Consécration du cierge paschal de la cathédrale d'Amiens, en 1677. — Tiré des archives du chapitre.

Cérémonie des O de Noël dans la cathédrale d'Amiens, en 1291.

Notes sur les mystères, farces et moralités représentés à Beauvais.

Dénombrement du fief de la jonglerie, à Beauvais, en 1376. — Tiré des archives de l'évêché.

Ordonnance du chapitre d'Amiens, qui interdit les farces dans le cœur de la cathédrale, en 1392.—En latin. Nous la transcrivons ici textuellement : « Anno Domini mil- « lesimo trecentesimo nonagesimo secundò die decimà Ja- « nuarii ordinatum est quod capitulum non concedat a modo « licentiam faciendi in choro Ambianensi rimas vulgares in « ludis faciendis sed tantummodò licentiam si vellent ludos

« faciendi in choro , secundum quod erat antiquitùs obser-
« vatum et secundum quod libri habent. »

2ᵉ Liasse.—*Lois et règles pour les écoliers de la nation.
de Picardie, étudiants en l'université de Bourges.*

*Noms des gouverneurs, lieutenants et trésoriers, éco-
liers composant la nation de Picardie, en* 1608. — Communiqué à Dom Grenier, par Dom Turpin, historiographe
du Berry.

*Dissertation sur la langue romane, d'où dérive le Pi-
card.* —MSS. très-curieux, fort étendu et sans nom d'auteur.

*Le patois moderne des paysans des environs d'Amiens
et de Corbie.* — Sous ce titre, sont renfermés plusieurs mor-
ceaux de littérature picarde, et extraits d'anciens manuscrits. Nous citerons seulement : une lettre de Cherlot à sen
frère Fremin, et un compliment d'un paysan picard pour la
fête de son prieur.

*Sermon d'un curé du diocèse d'Amiens, au XIIIᵉ
siècle.* — Cette pièce, du plus haut intérêt, est écrite sur
vélin en beaux caractères de l'époque. Ce qui nous a fait tant
priser ce MSS., c'est surtout parce qu'il nous rappelle la
construction de la cathédrale d'Amiens ; le prédicateur engage, en effet, ses fidèles à concourir, par de nombreuses
aumônes, à l'érection du temple saint.

*Extrait de la vie de saint Eloy, en vers, écrite par St-
Ouen.* — Tiré d'un MSS. in-4° de la bibliothèque de Saint-
Eloy, à Noyon, et qui, d'après Dom Grenier, aurait disparu
en 1770.

*Extrait de plusieurs cartulaires de l'hôtel-de-ville
d'Amiens.* — Dans ce bulletin, nous avons trouvé diverses
notes sur l'ancien hôtel des monnaies de cette ville.

Entrée des princes et princesses à Amiens. — Ce MSS. renferme la relation de l'entrée d'Henriette d'Angleterre , en 1626 , d'après les mémoires de François de Louvencourt , premier échevin de la ville.

Description de l'église cathédrale d'Amiens, par des prieurs de Saint-Germain-des-Prés.

Description de l'ancien retable en argent du maître-autel de l'église cathédrale d'Amiens.

Devis des réparations à faire au clocher de la cathédrale d'Amiens, 19 octobre 1628.

Remarques sur le clocher de Notre-Dame d'Amiens. — Tiré d'un MSS. de M. de l'Eperon.

Requête de la noblesse de Picardie, contre Antoine de Créqui , nommé à l'évêché d'Amiens.

Statuta synodalia capituli Ambianensis. — Tiré des archives de l'évêché.

Notes sur les fabriques de draps à Amiens. — Extrait des archives de l'hôtel-de-ville.

Mémoire adressé à M. de Colbert, ministre d'état, touchant les abus de la manufacture d'Amiens. — Extrait d'un MSS. de Saint-Germain-des-Prés.

Oracles des sybilles, touchant l'avènement de Jésus-Christ, dans la cathédrale d'Amiens. — D'après les notes que nous avons trouvées dans ce manuscrit, nous pensons que ces sybilles sont encore représentées derrière le lambris de la chapelle de St-Éloy, à la cathédrale. L'ancien clocher en pierre de ce monument, serait également reproduit sur les murs de cette chapelle; cette dernière peinture, si d'abord elle existe, ce que nous n'entendons nullement affirmer, et si un jour les boiseries qui la tiennent dans l'ombre, viennent à tomber, mettra les antiquaires à même d'apprécier l'architecture de l'ancienne flèche, dont aucun dessin ne nous a conservé le souvenir. Comme on le voit, cette bonne fortune complèterait les documents recueillis jusqu'à ce jour sur l'histoire architectonique du plus beau monument de style ogival, que la France ait vu élever.

Recueil d'épitaphes picardes. — Nous en extrayons les deux suivantes, que nous croyons inédites, et dont, en tous cas, le père Daire ne fait aucune mention dans son histoire littéraire d'Amiens, où cependant il en cite plusieurs (1).

> Chy gist le seigneur de Branquetot,
> Ly fu qui cracha sen gerbot;
> Le mal l'en prist le jour de Pasques,
> Dont pis sen ventre n'eust de relache.
> Ah! bon Dieu, combien il chia!
> Dit por li Ave Maria.

> —

> Chy gist Colin et sen varlest
> Toudy armé, toudy tout prest.
> Chetoit cun brave à cheulle bataille
> Quant avint alle quemise de maille;
> Il fut tapé et se tapa,
> Il fut tué et se tua.
> Il fut tué d'un Bourguignon
> Qui estoit bien maois garchon;
> D'une maoise espée erouillée
> Il eut le chervelle epeutré.
> Si or volès scavoir le saisons,
> L'an mil chon chen et un quarteron.

(1) Voir p. 451.

Li roman d'Abladane, par Richard de Fournival. —
MSS. in-fol.

Discours prononcé à Amiens, par Pierre de Morvillier, chancelier de France.

Catalogue raisonné des manuscrits de M. de Camps, abbé de Signy.

2° LIASSE. — *Fête de Noël à Amiens.*

Epître des saints Innocents de Laon.

Introduction à l'Histoire générale de Picardie. — Ce
MSS., divisé en 256 chapitres, ne compte pas moins de 678
pages in-fol. Il est entièrement rédigé , et Dom Grenier l'aurait publié en tête de son Histoire générale de Picardie, s'il
avait pu réunir le nombre de souscripteurs nécessaire pour
couvrir les frais d'édition. Nous devons d'autant plus regretter qu'un aussi froid accueil ait fait échouer cette louable
entreprise , que , comme il le dit lui même dans son prospectus, page 22 , cette introduction formait la meilleure partie
de son travail. Cette histoire générale de Picardie devait être
publiée en 5 ou 6 vol. in-4°.

3° LIASSE. — *Histoire de la Picardie en général.* — 6 cahiers in-f°, entièrement rédigés, comme l'introduction formant
la liasse précédente, et en état d'être livrés à l'impression.

Histoire de la cité d'Amiens, par Dom Grenier. — MSS.
en 20 cahiers.

Biographie des grands hommes d'Amiens. — Très-curieux.

Histoire des Bellovaques, peuples du Beauvoisis. —
En 31 cahiers.

Histoire du pays Boulenois. — En 13 cahiers. Dans ce
MSS. se trouvent différentes gravures de la Tour d'Ordre.

4° Liasse. — 1re Cote. — *Preuves justificatives concernant Beauvais.*

Dissertation pour prouver que Bratuspancium *de César est la ville de Beauvais, et non le bourg de Breteuil,* par Dom Placide,..... en 1683.

Marche ou province noble du Beauvoisis et du Vermandois.

Dénombrement des fiefs de service de l'évêque, comte de Beauvais, en 1355.

2e Cote. — *Pièces justificatives concernant Boulogne.* *Provincial de la marche de Boulogne.*

3° Cote. — *Pièces justificatives concernant Laon.*

Dialogue entre les évêques d'Amiens et de Laon, Foulques et Adalberon (1) *de mulâ.* — D'après une note de la main de Dom Grenier, l'original de cet opuscule serait maintenant conservé à la bibliothèque du Vatican.

4e Cote. — *Preuves justificatives concernant les Morins.*

Lamentatio de morte Karoli, comitis Flandriæ. — En vers latins ; tiré d'un MSS. du XIIe siècle, de l'abbaye de Saint-Prix, de Saint-Quentin.

5e Cote — *Preuves justificatives concernant Noyon.*

Dissertation où l'on prouve que le Noviodunum *dont César parle dans ses commentaires sur la guerre des Gaules, n'est pas la ville de Noyon, mais celle de Soissons,* par M. Sézille, chanoine théologal de Noyon.

Miracles de saint Eloy, écrits en 1183, par un religieux bénédictin de Saint-Eloy de Noyon.

---

(1) Ces deux prélats vivaient au commencement du XIe siècle ; ils assistèrent au couronnement du roi Henri Ier, fils de Robert, dit le Pieux.

6ᵉ Cote. — *Pièces justificatives concernant Senlis.*
Plusieurs pièces extraites de l'hôtel-de-ville et de l'évêché.
7ᵉ Cote. — *Pièces justificatives concernant Soissons.*
Martyre des saints Crépin et Crépinien, à Soissons. —
D'après un MSS. de 1045, à Saint-Germain-des-Prés.
Copie de plusieurs chartes concernant cette ville.
8ᵉ Cote. — *Pièces justificatives concernant St-Quentin.*
*Plusieurs extraits de l'hôtel-de-ville et de la collégiale
de Saint-Quentin.*
Martyre de saint Quentin.
Provincial et marche des nobles du Vermandois.
5ᵉ Liasse. — *Histoire du Laonois.*
Histoire des Morins et des évêques de Thérouane.
Histoire de Noyon et de ses évêques. —Dans ce MSS. se
trouvent plusieurs dessins représentant la vie de saint Eloy,
et tirés d'un rouleau en parchemin, qui se trouvait autrefois
aux archives de cette abbaye.
Histoire de Senlis.
6ᵉ Liasse. — *Histoire du pays de Vermandois, de ses
comtes et de ses évêques.*
Histoire de Soissons. — Ce MSS. renferme le dessin de
quelques sceaux des comtes de cette ville.

21ᵉ PAQUET.

1ʳᵉ Liasse. — *Description des principaux fleuves, ri-
vières, forêts, villes et autres lieux de Picardie,* tome Iᵉʳ.
— Ce MS. renferme, par ordre alphabétique, quelques notes
sur les lieux les plus importants de la Picardie. Celles qui sont
les plus étendues, concernent: Arques, chez les Morins;
Athies, dans le Vermandois; Bezieux, près de Corbie; Betizy,

dans le Valois ; Braine, histoire de ses comtes ; Breteuil, biographie de ses comtes ; histoire du siége de Breteuil. Quïerzy ;
palais de nos rois ; Chambly , Château-Thierry, Choïsy,
Clermont, histoire de ses comtes et des hommes célèbres
qui lui doivent le jour (cote volumineuse); Compiègne ,
biographie de ses hommes célèbres et catalogue de ses
comtes.

2ᵉ LIASSE. — *Description des principaux fleuves , ri-
vières , forêts , villes et autres lieux de Picardie , tome II.*

Notice sur Corbie.

*Collection de plusieurs dessins représentant les brode-
ries dont étaient ornées les bourses dans lesquelles les
croisés Corbiois rapportèrent des reliques à l'abbaye* (1).

*Notes diverses sur la ville de Guynes et de ses sei-
gneurs,*

3ᵉ LIASSE. — *Description des principaux fleuves , ri-
vières , forêts , villes et autres lieux de Picardie, tome III.*

Matériaux pour l'histoire de Guise et de son comté.

*Documents sur l'histoire de Saint-Christophe en Hal-
late ,* près de Senlis , *et du comté de Hesdin.*

4ᵉ LIASSE. — *Description des principaux fleuves , etc.,
de Picardie,* tome IV.

*Notes sur le comté de Marle , sur le Marquenterre, sur
Montdidier.* — Cette cote renferme un extrait des mémoires

---

(1) Par son prospectus, p. 20, D. Grenier promettait de donner, dans
son Histoire générale de Picardie , un monument de blason du comté
de Corbie , le plus ancien peut-être qui existait sinon dans l'Europe ,
du moins en France ; c'étaient des armoiries travaillées à l'aiguille sur
deux pannetières en soie , à l'usage de quelques chevaliers du Corbiois,
croisés au XIIIᵉ siècle.

pour la ville de Montdidier, écrit en 1683, par M. François de la Morlière, conseiller au bailliage et maïeur de la ville, en 1664.

Description de la ville de Montreuil, suivie de l'histoire de ses comtes.

5ᵉ LIASSE. — *Description des principaux fleuves, etc.*, tome V.

Copie de la chronique du Ponthieu, par le sieur Rumet.

Cayer des coutumes, usages, stiles de la sénéchaussée et comté du Ponthieu, fait par l'office de monseigneur le sénéchal dudit Ponthieu, en l'année 1494 (1).

Mémoire sur le Ponthieu, par Darquies Defusne.

Inventaire de quelques titres renfermés dans les archives du Ponthieu,

Catalogue des fiefs mouvants de Saint-Riquier.

Notes sur les vicomtes d'Abbeville ou de Pont-Remy.

Notes sur les comtes de Ponthieu. — Forte cote.

Recherches sur la monnaie d'Abbeville. — Petit cahier.

Traité conclu à Messine, au mois de mars 1191, *entre Philippe-Auguste et Richard, roi d'Angleterre, où le comte de Ponthieu est établi caution pour le roi de France, et Bernard de Saint-Valery, pour le roi d'Angleterre.*

Traité du mariage d'Adèle, fille du comte de Ponthieu, avec Renaut, fils de Bernard de St-Valery, pardevant Thibault, évêque d'Amiens, en 1178.

Collection de chartes concernant le Ponthieu. — 6 fortes cotes.

(1) Publié dans le Coutumier général, t. I, p. 81, Paris, 1724.

Histoire des prieurés de Beaurain et de Biencourt, dans le Ponthieu.—Tirée des archives de l'abbaye de Marmoutiers.

6ᵉ Liasse. — *Description des principaux fleuves, etc., de Picardie*, tome VI.

Notes historiques sur Saumoncy en Laonois, le San-terre, la forêt des Morins, la rivière de Somme; relation de la chasse aux cygnes.

Mémoire sur l'histoire naturelle d'Amiens, pour servir de supplément à celui concernant les poids et mesures de la ville.

Récit d'une pêche singulière à Saint-Valery, à laquelle Louis XIII voulut assister, au mois de juillet 1636.

Histoire de Fère en Tardenois, et de se comtes.

Chartes du comté de Saint-Pol.

7ᵉ Liasse. — *Mémoire sur la Thiérache.*

Notes sur le Valois. — Très-nombreuses.

Mémoire historique sur le Valois, par un président au bailliage de Crépy, mort en 1750.

Histoire de Crépy et de ses comtes.

8ᵉ Liasse. — *Notes sur Verberie.*

Recherches sur la forêt de Vicogne.

Recherches sur Villers-Coterets, palais de nos rois.

Matériaux pour l'histoire du Vimeu.

Mémoire de M. Sellier sur l'histoire naturelle du Vi-meu et sur celle d'une partie de l'Amiénois

Catalogue des comtes du Vimeu.

22ᵉ PAQUET.

1ʳᵉ Liasse. — *Notice historique de la Picardie*, par D. Grenier. — C'est sur ce MS. que le prospectus, dont cette collection renferme un grand nombre d'exemplaires, a été imprimé.

Dans cette cote, nous avons trouvé plusieurs imprimés, adressés aux naturalistes et aux antiquaires de Picardie, et dans lesquels D. Grenier les engage à transmettre, à la congrégation de Saint-Maur, tous les documents qu'ils pourraient avoir sur cette province.

Histoire de Clermont, de Beauvais, de Breteuil, par D. Grenier.

2ᵉ LIASSE (1). — *Histoire d'Amiens et de ses comtes.*
Biographie des hommes célèbres de la ville d'Amiens.
Histoire du comté de Boulogne.
Précis historique sur la ville de Compiègne.
Histoire de la ville et de l'abbaye de Corbie.
Histoire de Laon et de ses évêques les plus célèbres.
Notice sur l'abbaye de Saint-Vincent.
Histoire de Thérouane et de la cité des Morins.
Histoire de Noyon, de ses évêques et des hommes célèbres de la ville.
Histoire de Senlis, de ses évêques et de ses comtes.
Histoire des comtes de Vermandois.
Histoire de la ville de Soissons et de ses évêques.
Biographie de ses comtes.

23° PAQUET.

1ʳᵉ, 2° et 3° LIASSES. — *Essais historiques ou mémoires pour servir à l'histoire ecclésiastique et civile de la ville de*

(1) Les manuscrits composant cette liasse et qui tous ont été rédigés par D. Grenier, devaient faire partie de son Histoire générale de Picardie.

Laon et du pays Laonois, comprenant l'origine, le progrès des églises, chapitres, abbayes, monastères, couvents ; l'établissement des communatés régulières et séculières ; tribunaux de justice ; magistrats, jurisdiction, où il est parlé de la principale noblesse des maisons royales ; châteaux, villes, principaux endroits du pays, des manufactures, des personnes, des plus notables événements recueillis des historiens, des archives et autres monuments du pays, par D. Bugniâtre, en 3 vol. (1).

4e LIASSE. — *Pièces justificatives du Laonois.* — Sous ce titre sont réunis tous les matériaux et documents sur lesquels Dom Bugniâtre a écrit son histoire de Laon.

Cette liasse renferme en outre :

1° *Un gros cahier extrait d'un MSS. de Du Cange, à l'abbaye de Saint-Riquier.* — Nous y avons trouvé l'histoire des comtes d'Amiens, le traité de la Régale, l'histoire des baillis d'Amiens et de leurs lieutenants, l'histoire des comtes de Montreuil et de Ponthieu, l'analyse de l'histoire des seigneurs de Saint-Valery, l'histoire de l'abbaye de Braine, la notice historique de l'abbaye de Selincourt, fondée en 1183, par Milon, disciple de saint Norbert, et fils aîné de Pierre de Selincourt.

2° *Un extrait de l'histoire de l'abbaye de St-Vincent de Laon.*

3° *Recueil de chartes, pièces et titres concernant l'histoire de Laon.* — Tiré du Spicilège de D. d'Achery.

(1) Dans son Histoire littéraire de la congrégation de St.-Maur, p. 798, D. Tassin nous apprend que ces Mémoires auraient été publiés en 1768, si l'auteur avait pu réunir un nombre suffisant de souscripteurs.

4° *L'histoire du palais de nos rois , dans le Laonois.* — Extrait de la Diplomatique de D. Mabillon.

5° *Un extrait des Analecta de D. Mabillon , relatif à l'histoire de Laon.*

6° *Etat des assignations données tant aux véritables gentilshommes , qu'aux usurpateurs de la qualité de chevalier ou d'écuyer, dans l'étendue de l'élection de Laon.*

7° *Procès-verbal des coutumes générales et particulières du bailliage de Vermandois.* — Rédigées par M. de Thou, d'après les ordres de Henri II.

5° LIASSE. — *Siége de la ville de Laon.* — Extrait d'un MSS. attribué à Claude Bugniâtre , premier échevin de Laon.

Extrait d'un manuscrit contenant ce qui s'est passé à Laon et dans le pays Laonois, dans le temps de la ligue , depuis 1589 jusqu'en 1594 , que Henri-le-Grand soumit la ville de Laon à son obéissance. — Le MSS. original est de Antoine Richard, contrôleur en l'élection de Laon, auteur contemporain ; et ce cahier est plutôt une copie fidèle, qu'un extrait succinct.

Recherches sur les abbayes du pays Laonois.

Extrait de la description de la France , par de Longuerue, *concernant l'histoire de Laon.*

Extrait de la chronique scandaleuse de Louis XI, concernant la ville de Laon.

Extrait de l'histoire de Malte , contenant les armoiries de quelques seigneurs croisés du Laonois.

6° LIASSE. — *Notes sur les villes , bourgs et villages du Laonois , par ordre alphabétique.*

Procès-verbaux faits pour constater et prouver la mi-sère du pays Laonois, causée par les guerres de 1655. — Le commencement de ces pièces manque.

Mémoire sur le comté de Rosoy.

Dissertation sur l'état des anciens habitants du Soissonnois, avant la conquête des Gaules par les Francs, par M. Lebœuf, couronnée en 1734, par l'académie de Soissons.

Remarques sur la ville et le diocèse de Laon.

Extrait des actes capitulaires de la ville de Laon, remontant à 1397.

Miscellanea *concernant la ville de Laon.* — Très-curieux.

24° PAQUET.

1ʳᵉ LIASSE. — *Notes sur les superstitions, idolâtries et cérémonies religieuses de la Picardie.*

Histoire des cérémonies abrogées en l'église d'Amiens. — Tirée d'un MSS. de M. Villeman, chanoine, qui existait vers 1750.

Epître farcie de saint Etienne, martyr.

Sermon fait au XIIIᵉ siècle, à Amiens. — Nous pensons que, s'il n'est pas le même que celui indiqué dans la première liasse du vingt-troisième paquet, ce que nous n'avons pu juger, parce qu'il aurait fallu avoir en même temps les deux MSS. sous les yeux, il aurait au moins le même objet, et serait également relatif à la construction de la cathédrale d'Amiens.

Extrait d'un ancien manuscrit de 1426, ayant appar-

tenu à l'église Saint-Remy d'Amiens, et renfermant quelques épîtres farcies (1).

2° LIASSE. — *Traité sur l'abbaye de Notre-Dame de Verger.*

Un cahier intitulé : *Parthenon Strumensis* ou *l'abbaye d'Estrun.*

Abrégé de l'histoire de l'hôpital de St-Jean d'Estrée, à Arras.

Observations au sujet de la chapelle de Notre-Dame d'Irles, en Picardie, au diocèse d'Arras.

Notes sur l'histoire d'Arras et la monnaie de cette ville. — Forte cote.

3° LIASSE. — *Extraict d'une chronique d'Engleterre, estant au chasteau de l'Isle en Flandres, en l'an* 1470, *et faisant mencion de la première fondation d'Abbeville.* — Comme on le voit, c'est encore la fable dont il a été parlé dans le 7° paquet de cette collection.

Mémoire que aulcunes églises d'Abbeville ont été fondées.

Collection de chartes concernant le Ponthieu. — Toutes copiées sur les originaux.

Notes sur les fabriques et les arts du Ponthieu.

Notes sur les hommes célèbres du Ponthieu.

4° LIASSE. — *Notes sur les colléges de Picardie.*

Compte rendu aux chambres assemblées, en 1674, *sur les colléges de province, non desservis par les Jésuites.* — Imprimé.

Compte rendu sur le collége d'Aire. — Imprimé.

(1) L'original est aujourd'hui conservé dans la bibliothèque de M. Rigollot.

Compte rendu sur le collége d'Arras. — Imprimé.

    Id.   *de Béthune.* — Imprimé.

    Id·   *de Hesdin.* — Imprimé.

Plusieurs mémoires sur l'église royale et collégiale de Saint-Fursy de Péronne.

5ᵉ Liasse. — *Abrégé généalogique de l'ancienne maison de Boufflers.* — Gros cahier.

Notice sur les baillis royaux de Vermandois.

Recherches sur les anciennes familles du Beauvoisis.

6ᵉ Liasse. — *Notes sur la Tour d'Ordre.*

Matériaux pour l'histoire des comtes de Boulogne.

Histoire des comtes de Guynes. — Epreuve corrigée.

Généalogie des seigeurs de Guynes. — Tirée d'un MSS. de Saint-Bertin.

Nous n'avons trouvé, dans nos notes, aucun indice qui puisse nous faire croire que le vingt-cinquième paquet nous ait été communiqué ; on accusera peut-être notre travail d'être incomplet et inexact, en ce sens qu'il ne mentionne que les MSS. qui, dans chaque liasse, nous ont paru les plus remarquables ; mais, lorsque son contenu était insignifiant et ne pouvait être d'aucune espèce d'utilité, alors nous indiquions d'une manière sommaire quels étaient l'objet et la nature des pièces qu'elle renfermait. En sorte que le silence complet que gardent nos notes sur ce vingt-cinquième paquet, nous confirme dans notre opinion, qu'il a cessé de faire partie de cette collection. Sa disparition, et celle de bien d'autres liasses, ne peuvent avoir qu'une même cause, l'intérêt qu'ils présentaient.

26ᵉ PAQUET.

1ʳᵉ Liasse. — *Collection de chartes copiées par D. Grenier, et concernant la Picardie, de 1300 à 1397.*

Establies (1) *pour le pays de Picardie, de 1372 et 1373.* — Tirées d'un compte de Jean le Mercier, trésorier des guerres à cette époque.

Charte par laquelle Charles V promet aux habitants d'Abbeville de ne point les séparer du domaine. — Tirée de l'abbaye de Saint-Germain-des-Prés.

Charte du 19 juin 1369, par laquelle Charles V accorde à la ville d'Abbeville le privilége de briser en chef les armes du Ponthieu de celles de France.

Lettres de rémission de Charles, régent du royaume, pour la commune d'Amiens, en 1358. — Tirées du trésor des chartes. Charles V, dauphin, et tenant les rênes de l'état pendant la captivité du roi Jean, son père, pardonne aux habitants de cette ville d'avoir pris « chaperons partie de bleu et de rouge, en signe d'unité et d'alliance avec la ville de Paris et à plusieurs de ladite ville d'Amiens, d'avoir dit et semé paroles merveilleuses et injurieuses de l'estat, de nous et de nostre personne. »

Lettre du roi Jean, prisonnier en Angleterre, au clergé de Soissons, du 4 juin 1358.

Charte des maire et échevins de Saint-Josse-sur-mer. — Tirée des archives de l'abbaye, de 1352.

Jugement des commissaires royaux, confirmé par le roi

(1) D'après le Glossaire de Carpentier, ce mot signifie garnison ou gens de guerre, qu'on établit dans une place.

Jean, en faveur de son cousin Jacques de Bourbon, comte de Ponthieu. — Tiré du trésor des chartes, octobre 1351.

Arrêt du conseil portant que le roi peut remettre et rétablir commune en la ville de Laon, quand il lui plaira, en 1328.

Ordonnance rendue par les commissaires députés en la ville de Senlis, sur les impôts accordés par cette ville au roi, pour la guerre de Gascogne, en 1324.—Copiée sur un rouleau de la chambre des comptes de Paris.

Charte par laquelle Philippe V modifie la charte de commune d'Amiens, en 1317. — Extraite des archives de l'hôtel-de-ville.

Rétablissement des lois de la ville de Calais.—Cette pièce a été copiée sur l'orginal conservé en Angleterre dans la bibliothèque d'Oxford.

Comptes du bailliage de Vermandois, en 1357.

2ᵉ Liasse.—*Collection de chartes sur la Picardie, copiées par Dom Grenier,* tome Iᵉʳ. — Elle est divisée en cinq cotes renfermant 250 copies de chartes extraites, pour la plupart, des abbayes de St-Martin-aux-Jumeaux, du Val de Buigny et de l'évêché d'Amiens.

3ᵉ Liasse. — *Collection de chartes sur la Picardie, copiées par Dom Grenier,* tome II. — Divisée également en 5 cotes et renfermant 161 chartes. La plupart ont été extraites des abbayes de Corbie, de St-Bertin, de l'évêché de Noyon, de Saint-Vincent de Laon, de Saint-Michel en Thierache, de la collégiale de Saint-Fursy de Péronne, de St-Corneille de Compiègne, de l'abbaye de St-Germer.

La troisième cote renferme une lettre d'Henri, archevêque

de Reims, aux moines de Corbie, par laquelle il leur demande l'hospitalité — juin 1229.

Incendium ecclesiæ et oppidi Corbiensis, quomodò reparata fuit ecclesia, quo tempore et à quibus, anno 1327.

Coutumes de la ville de Corbie.

Couronnement de Philippe Ier à Laon, en 1171. — Tiré des archives de la cathédrale de Laon.

Charte de Théodoric, évêque d'Amiens, de 1145, portant érection de Saint-Acheul et de St-Martin-aux-Jumeaux en abbayes (1).

27° PAQUET.

1re Liasse. — *Etymologie du mot Picard,* par Dom Grenier.

Notes sur les ravages des Normands, en Picardie.

Plan général de l'Histoire de Picardie. — Cahier de 58 pages.

Observations critiques sur l'expédition de César contre les Soissonnais, rapportées au deuxième livre de ses mémoires de la guerre des Gaules.

Dans ce mémoire, l'auteur s'est proposé de résoudre trois questions historiques ; il étudie 1° la position du camp de César ; il le place à Moussy, où se trouve, dit-il, une colline indiquée par le texte ; 2° la situation de Bibrax ; d'après l'auteur, ce serait aujourd'hui Bruyère ou Bièvre, à deux ou trois lieues de Moussy, c'est-à-dire à huit milles du camp de César ; la position de *Noviodunum suessionum* ou Noyon, qu'il considère comme un boulevard sur la frontière du Sois-

(1) Voir le deuxième cartulaire de la cathédrale d'Amiens aux archives des Feuillants, p. 42, v°.

sonnois, pour défendre ce pays contre les incursions des peuples de Beauvais, d'Amiens et de Vermandois.

A cette notice est joint un plan à l'aide duquel on peut suivre l'invasion des légions romaines dans la Gaule belgique.

Notes biographiques sur les évêques et les comtes de Soissons, par Dom Grenier.

Dissertation historique sur l'état des anciens habitants du Soissonnois, avant la conquête des Gaules, par les Francs, la situation et l'étendue du pays qu'ils habitaient, le nom et l'antiquité de leurs villes et châteaux, leurs forces et les armes dont ils se servaient, leurs mœurs, leur gouvernement, leur religion.

Extrait des titres du chapitre de Saint-Vincent de Laon

Statuta Sinodalia ecclesiæ Tornacensis, en 1369.—MSS. sur vélin.

Dessin à l'encre de Chine représentant un tombeau romain qui existait dans le palais de justice, à Aix.

Division territoriale de la partie de la Picardie, qui est sur le bord de la mer.

Traité de géographie de la Picardie et de la Normandie, par demande et par réponse.

L'art du tourbier, ou traité des différentes manières d'extraire de la tourbe et de l'employer, par M. Roland de la Plature, inspecteur général des manufactures de Picardie, en 1782. — Brochure imprimée avec planches.

Discours qui a obtenu le prix de l'académie d'Amiens, en MDCCLXXXVII, sur cette question par elle mise au concours : Quel est le moyen le plus simple et le moins dispendieux de prévenir et d'éviter, dans la généralité d'Amiens, les incendies des campagnes ? — Publié en 1788.

Voyage pittoresque dans la ville d'Amiens. — Brochure in-12, par M. D. V. L.

Plan général de l'histoire de la province de Picardie, par Dom Caffiaux, MSS. très-volumineux et plein d'intérêt.

Fragments géographiques et historiques sur la province de Picardie.

2ᵉ LIASSE. — *Table des pièces recueillies dans les registres de l'hôtel-de-ville d'Amiens, qualifiés registres aux chartes* (1). — Gros cahier, commençant à l'an 1310.

Catalogue de tous les principaux faits ou actes extraits de tous les registres usités dans les archives de l'hôtel-de-ville d'Amiens, par Dom Caffiaux. — Très-curieux ; à ce catalogue se trouve joint un extrait de l'évêché d'Amiens, concernant l'institution des chapelles et églises dans le diocèse.

Inventaire de tous les cartulaires du chapitre d'Amiens. — MSS. en 2 cahiers.

Pouillé d'archives qui, selon nous, seraient celles du chapitre d'Amiens. — En quatre cahiers.

Cartulaire de la léproserie du Val de Buigni. — MSS. sur vélin, en belle écriture de la fin du XIIᵉ siècle.

(1) Une note que nous avons remarquée dans ce manuscrit, nous fait connaître l'état de la force militaire d'Amiens au 13 février 1454 ; elle se composait de 322 portiers, 80 archers, 40 arbalètriers, 1,100 hommes de guet ; il y avait aussi des coulevriniers, des dizeniers et des capitaines de bourgeoisie.

Lettre du cardinal d'Estouteville à Charles VII, en lui envoyant l'inquisiteur de la foi et le doyen de Noyon, pour lui rendre compte de ce qui s'était passé au sujet du procès de la Pucelle, vers l'an 1432. —Original sur vélin.

Recueil de lettres autographes de Louis XI.

Lettre de Charles V, dauphin de Vienne, fils aîné du roi de France, et son lieutenant en Picardie, par laquelle il donne mission à Guy Quièves, chanoine d'Amiens, et Charles, comte de Soyecourt, chevalier, de lever les subsides nécessaires pour la délivrance du roi. — MSS. sur vélin, et portant encore le sceau du châtelet.

Indiction du concile provincial de Reims, tenu à St-Quentin, en 1320. — MSS. sur vélin.

Lettre du roi Jean à Charles, dauphin de France, pour lui recommander Guemot, son valet tranchant, écrite de sa prison de Londres, en 1357.

Lettre de Philippe, duc d'Orléans, en faveur des habitants d'Ervy, confirmative des priviléges à eux accordés par Philippe de Valois, août 1357. — Sur vélin.

La value des bailliages de France, selon les comptes de 1359. — MSS. sur vélin de huit pieds de long sur un demi pied de large environ; il a été copié sur un autre rouleau de la chambre des comptes.

Testament du sieur de la Vacquerie, en 1371. — Sur vélin.

Attestation des violences du capitaine de Corbie contre les religieux, en 1514, ou procès-verbal d'enquête pour juger la conduite qu'il tint vis-à-vis d'eux à cette époque.

Rôle des présents de vin, faits en 1496, de l'ordre des maire et échevins d'Abbeville. — Sur vélin.

Confirmation par le chapitre de St-Fursy de Péronne, de la liberté donnée aux sujets dépendants du custode de ladite église, en 1256. — Sur vélin.

Lettre de Louis, roi de France, portant affranchissement des serfs dépendants de l'église de Péronne, en 1256. — Sur vélin ; le sceau est brisé en partie.

Réparation d'Adelme d'Amiens et de ses enfants, qui avaient emprisonné des gens d'église, en 1120. — Sur vélin.

4ᵉ Liasse. — *Collection de chartes copiées par D. Grenier, et concernant l'histoire de Picardie.*

Parmi les actes les plus importants de cette collection, nous avons remarqué :

1° *Lettres de légitimation d'Emmanuel et de Charles d'Ailly, par le roi Henri IV, en* 1606.—Tirées des archives de Saint-Fuscien (1).

2° *Procès-verbal, pardevant notaire, du* 10 *novembre* 1522*, de l'interrogatoire que subirent les plus anciens de Nesle, à l'effet de constater, qu'en* 1472*, tous les titres et papiers du chapitre avaient été consumés* (2).

Historique du traité de Picquigny, touchant les roialmes de France et d'Engleterre, du 25 *août* 1475. — Tiré des archives de l'hôtel-de-ville d'Amiens.

Statuts du chapitre de Notre-Dame de Longpré, du 17 *septembre* 1316.

(1) Nous nous sommes assuré que cette charte était encore conservée aujourd'hui dans les titres de cette abbaye, appartenant aux archives des Feuillants.

(2) Ce procès-verbal a été publié dans le premier bulletin de la Société de l'Histoire de France.

28ᵉ PAQUET.

1ˢᵉ LIASSE. — *Histoire de Saint-Médard de Soissons.* — Très-curieux, bien qu'incomplet.

Dissertation sur l'époque de la religion chrétienne dans le Soisonnois. — Ce mémoire a été couronné en 1737 par l'académie de Soissons ; il est de l'abbé Lebœuf.

Fragments de l'histoire de Soissons, par Dom Caffiaux, en plusieurs cahiers.

Table alphabétique des hommes illustres de Picardie.

Dissertation sur l'ancienne ville nommée Pontes, *par l'itinéraire d'Antonin, et dont la table théodosienne ne fait mention que sous l'indication* ad Lullia, *qui est le nom de la rivière d'Authie.* — Communiqué le 6 décembre 1785, par l'auteur Jacques Hecquet père, entrepreneur de la manufacture des moquettes, à D. Grenier, historiographe de Picardie. — L'auteur conclut que Pontes, aujourd'hui Ponches, aurait été le principal endroit du Ponthieu.

Recueil de sceaux (dessinés) de diverses communes et anciennes maisons de Picardie.

État comparatif des valeurs anciennes de là monnaie d'or et d'argent de la deuxième et troisième race des rois de France, avec sa valeur actuelle, par D. Grenier.

Lettre de D. Jean Mabillon, dans laquelle il démontre que saint Médard et saint Gildard n'étaient point jumeaux.

Dissertation sur l'état du Soissonnois, sous les rois de la deuxième race. — Communiqué à Dom Caffiaux, par l'académie de Soissons, en 1751.

Antiquités de la ville de Soissons, tirées de diverses his-

toires et chroniques, par Nicolas....., bourgeois de cette ville. — Gros MSS., portant la date de 1650.

Bulletins anecdotiques et historiques sur la ville de Soissons.

2° LIASSE — *Collection de chartes de 1200 à 1249.* — Concernant la Picardie, et divisée en 98 cahiers in-fol.

Les pièces qui méritent d'être mentionnées, sont :

1° *Une charte de* 1249, *concernant le droit de tonlieu à Moreuil.* — Tirée des archives de Corbie.

2° *Aveu d'Isabelle, abbesse du Paraclet,* février 1247. — Tiré du cartulaire noir de Corbie.

3° *Hommage du comte de Guynes rendu au comte d'Artois,* mai 1248. — En latin.

4° *Vente des avoueries de Gentelles et de Cachy, par Robert, seigneur de Boves,* avril 1243. — Tiré des archives de Corbie.

5° *Dénombrement de la terre de Nesle en Vermandois, par Jean, sire de Nesle,* en 1236.

6° *Lettre d'invitation des barons de France aux prélats, pour qu'ils aient à se trouver à Reims au couronnement de Louis IX,* en 1226. — Tiré d'un MSS. de la bibliothèque royale.

7° *Reconnaissance des bourgeois de Saint-Quentin que le roi peut rappeler les bannis lorsqu'il fait sa première entrée dans cette ville, après son couronnement,* en 1213.

8° *Lettre d'érection en fief de la maison de la monnaie au marché de Corbie,* janvier 1219.

9° *Fondation de l'église collégiale de Noyelle-sur-mer,* juin 1217.

10° *Liste des chevaliers bannerets, sous Philippe-Auguste.*

11° *Traduction en Picard de la charte de commune de Molliens le Vidame, en* 1209. — Très-curieux.

3ᵉ LIASSE. — *Collection de chartes concernant la Picardie, de* 1400 *à* 1756, copiées sous la direction de D. Grenier. Nous avons remarqué :

1° *Lettres envoyées aux chapitres d'Amiens et de Noyon, touchant le conseil général de Paris, en* 1422.

2° *Commission donnée par le roi Charles VI au comte de Warwick, pour réduire en son obéissance plusieurs places de Picardie, en* 1422. — Le roi l'engage à réunir toutes ses forces contre les châteaux du Crotoy, de St-Valery, de Noyelles , de Gamaches.

. 3° *Acte de démolition de quelques places de Picardie, en exécution des ordres du roi.* —Ce procès-verbal constate seulement la démolition de Hellicourt-lès-Gamaches, en 1422.

Charte de Charlotte, reine de France, pour la création d'un maître sellier à Amiens, en 1468.

C'est l'ordonnance faite par monseigneur le duc de Bourgogne, de Brabant, comte de Flandres, Artois, etc. sur le gouvernement des hostels de luy, de madame la duchesse et de monseigneur de Charolais, leur fils.

Lettre des échevins d'Amiens, par laquelle ils demandent au roi des secours pour sauver la ville menacée par la prise de St-Quentin, 1557.

29ᵉ PAQUET.

Dans les deux liasses qui composent ce paquet, nous n'avons trouvé qu'une collection d'almanachs de Picardie, et quelques volumes provenant de la bibliothèque de Dom Grenier.

30ᵉ et dernier PAQUET.

Collection des chartes de fondation des abbayes de Picardie, par Dom Grenier. — Ce recueil est, pour ainsi dire, sans intérêt, car toutes les chartes qu'il renferme ont été, pour la majeure partie, publiées dans la *Gallia christiana.*

2ᵉ Liasse. — *Collection de chartes de 1150 à 1199, et concernant la Picardie*, copiées sous la direction de Dom Grenier. Nous mentionnerons les pièces suivantes :

Lettres de Didier, évêque des Morins, et de Martin, abbé de Saint-Vast d'Arras, touchant un différend entre les abbayes de Corbie et de Clerfai.

Charte de commune de Marle, de 1174.—Traduction en français.

Mémoire de ce que le comte de Ponthieu eut des bienfaits du roi en épousant la sœur de ce prince, en 1196.

Table chronologique des diplômes, chartes, titres et autres actes concernant l'histoire de Flandres, recherchés et copiés sur les originaux, par Dom Quiensert, religieux bénédictin de la congrégation de Saint-Maur, depuis 1768 jusqu'en 1778.

Discours sur l'histoire des provinces Belgiques, nommées du mot général de Flandres. — MSS. très-volumineux.

3ᵉ Liasse..... manque.

4ᵉ Liasse.—*Collection de chartes de 1250 à 1299, et concernant la Picardie*, copiées sous la direction de D. Grenier.

Parmi celles qui nous ont paru offrir le plus d'intérêt, nous citerons les *Lettres de saint Louis pour l'acquisition de deux maisons à Amiens, destinées par l'évêque à recevoir les prêtres impotents.*

Jugement du roi saint Louis d'entre Enguerran, seigneur de Couci, pour avoir fait pendre deux enfants de l'abbaye de Saint-Nicolas-aux-Bois.

Requête présentée par le sire de Couci, par laquelle il demande son renvoi pardevant les pairs de France, selon la coutume de la baronnie, en 1229. — Tiré de la vie de saint Louis, par Guillaume de Nangis.

Testament de Jean, comte de Soissons.

Confirmation, par le roi Philippe-le-Hardi, de la vente de 30 liv. parisis sur la prévôté de Laon, novembre 1277.

Acte par lequel le roi donne à ferme perpétuelle aux maire et échevins d'Amiens, la prévôté de la ville, en 1292.

Avant de clorre cet inventaire, qu'il nous soit permis d'exprimer ici toute notre gratitude à M. Champollion, conservateur du département des manuscrits, à la Bibliothèque royale, pour l'empressement avec lequel il a accueilli notre projet de travail et les facilités qu'il nous a laissées pour l'exécuter. Puisse ce faible hommage lui faire oublier les fréquentes importunités dont nous l'avons assailli !

M. Paulin Paris, conservateur adjoint au même département, a également droit à toute notre reconnaissance pour l'appui que nous avons trouvé dans ses lumières, en accomplissant un travail qui nous a peut-être forcé trop souvent d'y recourir. Nous le prions aussi de vouloir bien agréer nos sincères remercîments.

www.ingramcontent.com/pod-product-compliance
Lightning Source LLC
LaVergne TN
LVHW050647090426
835512LV00007B/1069